気がつけば、ずっと無印良品でした。

GB

無印良品
生活雑貨売り場
えーと…
これ
良さそう！
サイズ
確認しないの？
うまく
組み合わせれば
大丈夫っしょ
ポイ
ポイ
これとこれと〜
昔の私みたい…
あの頃は
若かったな…
無印といえば
ポリプロピレン！
大きいほうが
たくさん入る
よね〜
↑若き頃の陽子
そういえば
私ずっと
無印良品使ってるな…
いつから
だろ…

初めて買ったのは文房具だったっけ
ペン
ノート
おっ
独身時代
これはすっごい昔から使ってるなぁ
ぴったりじゃ〜ん♪
ポリプロピレンクローゼットケース
まぁあの頃は何も考えずに買ってたけど…
エヘ…
ポリプロピレンケース引出式(深型)2個
このケースのおかげでキッチンも片づいたなぁ
新婚時代
すっごくキレイ!
エヘヘそう?
モノの配置は適当だったけど

そういえば…
出産・育児
このケース、いっちゃんが産まれた時も助けてもらったよね
娘・いっちゃん
オムツ替えようね～
リビングに置いてもジャマに感じなかったな～
家具売り場
おっ
このシェルフはホントに大活躍♪
優秀～
ヨシヨシ
子ども部屋にも
本とおもちゃはここに入るぶんだけにしておこうね！
うん！
子育て
ちゃんと片付けられた！えらいね～!!
ダイニングにも♡

ウチが散らかってないのは無印のおかげかも♪
子どもが散らかしてもすぐ片付くし♪
ライフスタイルが変わるにつれ様々な整理収納を実践してきた私
あ、あった
これこれ♪
ほしかったやつ〜
幅も高さもぴったり♪
最初こそ「なんとなく」選んでいましたが
ポリプロピレン
デスク内
整理トレー
ありがとうございました〜
無印良品
「本当に納得できるモノ」を買おうと思った時――
たどり着くのはいつも無印良品なんです
無印良品

CONTENTS

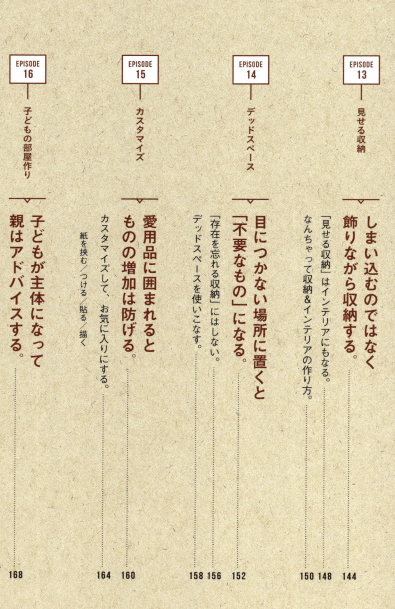

EPISODE 17

整理・応用編

EPILOGUE

ずっと、無印良品がいい。

将来のこと

COLUMN

無印良品と、私。

本書掲載の商品の寸法（幅・奥行き・高さ）はすべて単位：cmです。

キャラクター紹介

1978年生まれ。幼い頃、姉が脱ぎ捨てた洋服を拾って畳むのが“遊び”だったというほどのお片づけ好き。16年間、荷物の仕分けや在庫管理の仕事に就く。一人暮らしの経験を経て28歳で結婚、同時に戸建てに越す。
現在は2児の母として、整理収納アドバイザーとして多忙な日々を送る。

1979年生まれ。陽子と3年間、付き合って結婚。会社員として多忙な日々を過ごしつつ、一家を支える。
結婚前は子どもがキライと言っていたが、いざ子どもが生まれると驚くほどの育メンっぷりを発揮。

2013年生まれ。幼稚園に通う。怖いもの知らずで、ダメと言っても危険な場所を好む。とにかく落ち着かない性格。

2008年生まれ。小学4年生。マイペースでしっかり者。推理小説が大好きで、本をたくさん持っている。将来の夢のひとつは、整理収納アドバイザーの資格を取ること。

陽子の母＆父

陽子の家の近くに住み、陽子の娘と息子の遊び相手をよくしてくれる。

CHAPTER 01

独身時代

無印良品で、
まあいいか。

EPISODE 01 部屋作り

整理収納を実践すれば理想の暮らしが手に入る。

私が初めて買った無印良品の収納用品は、
引出式のクローゼットケース。
きっかけは、一人暮らしです。

当時、私は23歳。
まだまだ整理収納のイロハなんて、
まったくわかっていなかった頃です。
小物や書類を入れるためのケースを買うのに、

……という感じで、なんとなく
無印良品に買いに行った記憶があります。

そして、すっきりした空間が好きだった私は
ケースにものをすべて詰め込み、
外から見えないように
しまい込んでいました。

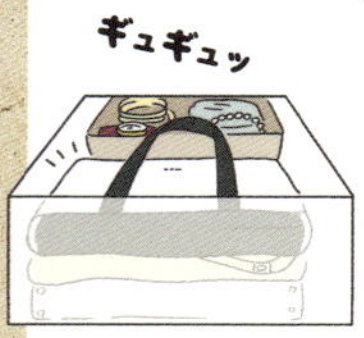

ちなみに、一人暮らしを始めた理由は
「睡眠時間を確保したかったから」。

当時、私はプライベートで
DJの活動をしていたのですが、
ある時、週1でラジオ番組を
任せられることに。
自宅と職場、収録スタジオの3ヶ所を
行き来することになったのですが、
これがまぁタイヘンで……。

自宅から職場までさえ
片道2時間かかるのに、
さらに帰宅後、車でスタジオに向かい、
収録が終わって家に戻ってくるのは
深夜1時過ぎ。
そして、翌朝5時には起きて
出勤しないといけない……。
睡眠時間はたったの2時間。

ヘトヘト…

あまりにハードだったため、
スタジオ近くのマンションで
一人暮らしをすることにしたのです。

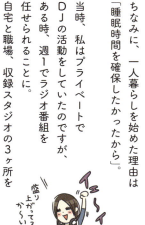

陽子のマンション
おじゃまします～
ガチャ
どうぞ～
陽子(23歳)
わ～キレイにしてるね～
1人暮らし時代の間取り
お風呂・トイレ
収納
ソファベット
ベランダ
玄関
廊下
ローテーブル
収納
キッチン
出窓
TV
DJ機材とターンテーブル
まぁ引越したばっかりだからね～
あ、それおニュー?
よっと
新品のニオイ～
うん! このソファベッドとローテーブルだけね

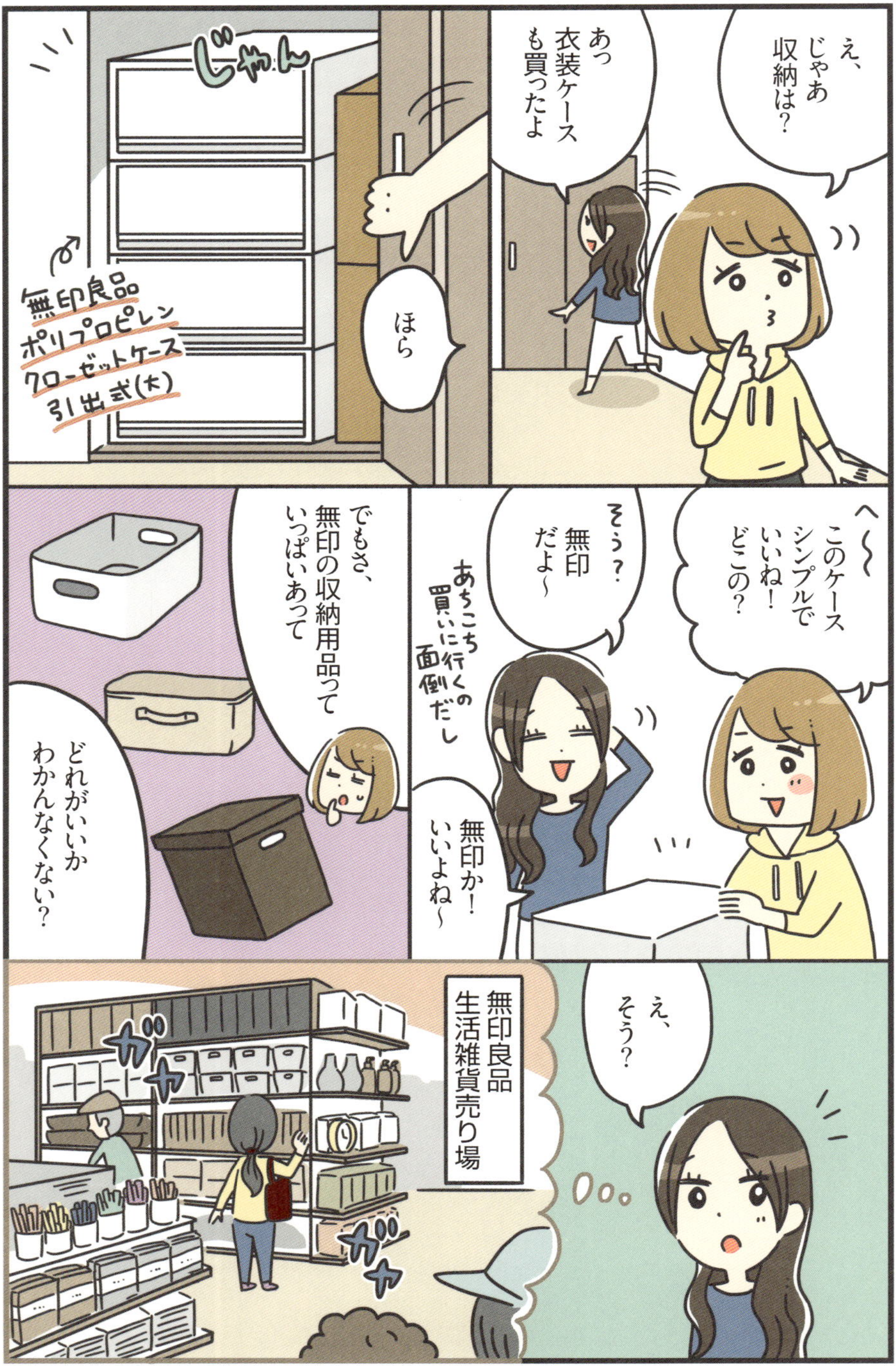
え、じゃあ収納は?
あっ衣装ケースも買ったよ
じゃん
ほら
無印良品ポリプロピレンクローゼットケース引出式(大)
へ〜
このケースシンプルでいいね!どこの?
そう?無印だよ〜
あちこち買いに行くの面倒だし
無印か!いいよね〜
でもさ、無印の収納用品っていっぱいあって
どれがいいかわかんなくない?
え、そう?
無印良品生活雑貨売り場
ガヤガヤ
ガヤガヤ

どうしようかな～
あっ これよさそう！
う～ん…
サイズが大と小か…
大きいほうがいっぱい入るよね！
こっちにしよ～
ワ
大は小をかねる～
ポイ
あんまり悩まず買っちゃったけど…
そういやサイズとか測ってなかったな…
大雑把…
そのくせクローゼットにはぴったりだね…
4つ重ねたらたまたま…
ナゼ？
エヘヘ
ピッタリ
ところでここには何入れてるの？
？
えっとね～
ゴソゴソ

上の2段には衣類でしょ
衣類は取り出しやすいように 上に！
3段めにはバッグと小物
バッグを重ねて
4段めには書類とか
ずっしり
重たいから1番下に！
へ〜

でも、つくづく陽子んちってモノが少ないね～
収納ケース4コでいいんだもん
そ、そうかな？
ちまっ
玄関の収納棚にも細々したもの入れてるけど…
少っ
まぁ私にはコレがあるから…
エヘ♥
ど～ん
物が少ないぶん部屋を広く使えるから
思いっきりプレイできてし・あ・わ・せ♡
チャッ
盛り上がってるか～い!!
イェ～イ
ズン♪
ズン♪
イヤ…別に…

「理想の部屋」の作り方。

本当に必要なもの・大好きなものに囲まれた空間――これが、私の考える「理想の部屋」です。
そして、理想の部屋を実現するだけでなく、維持するためには「整理収納」が欠かせません。

01 | 現状と向き合う

☑ 自分自身と向き合う
☑ 今、ある暮らしと向き合う

自分がどのような性格なのか、一人暮らしなのか・誰かと一緒に住んでいるのか、部屋で過ごす時間は長いのか・短いのか、持っているものは何が多いのかなど、現在の自分や暮らし、環境などを振り返ります。

02 | 理想の暮らしをイメージする

22ページ～

☑ 部屋の使用目的を決める
☑ 部屋のテイストを決める

まずは、部屋の使用目的を明確にします。私の場合、「趣味のDJを思いっきり楽しみたい！」というのが使用目的でした。部屋のテイストを考えることは、部屋作りのモチベーションアップにもつながります。

03 | ものと向き合う

38ページ～

＝整理する

部屋のディスプレイや収納を考える前に、今持っているものを整理します。「必要なもの」と「いらないもの」に分けていらないものを手放し、必要なものだけを手元に残します。この作業こそが、理想の暮らしへの第一歩になります。

04 | ゾーニングを考える

☑ 自分がどこで何をするのかを書き出す
☑ 必要なものを書き出す

自分の行動に応じて、部屋をゾーンに分けることを「ゾーニング」と言います。「ここでメイクをする」「ここで洗濯物を畳む」など、自分がどこで何をするのかを書き出し、ゾーンごとに必要なものをピックアップします。

部屋のゾーン分け

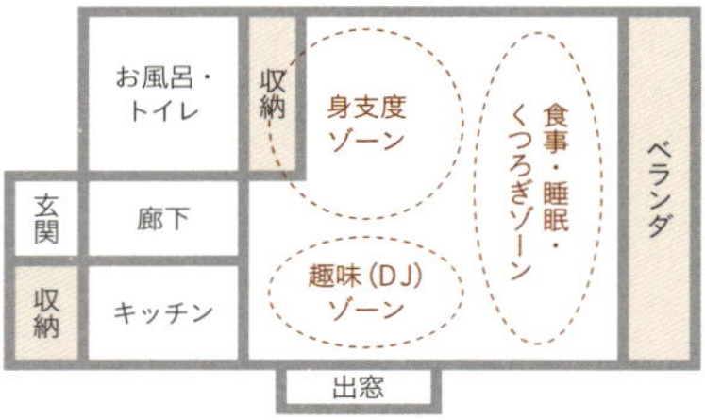

私が一人暮らししていた時の部屋のゾーニング。趣味ゾーンを広くしたかったため、食事・睡眠・くつろぎゾーンはすべて1ヶ所にまとめようと思いました。

実際の間取り

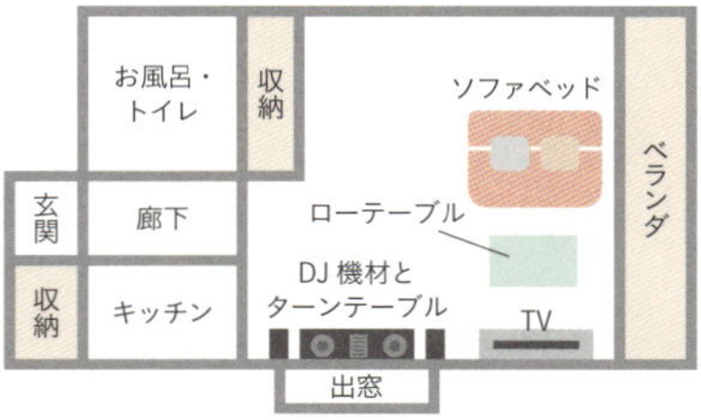

趣味ゾーンを広くしたおかげで、大きなスピーカーや1000枚ものレコードを置くスペースが十分に確保できました。出窓にも大きなDJ機材を置いていました。

05 | 収納を考える

50ページ～
78ページ～

☑ どのように収納するかを考える
☑ 収納用品を決める

ゾーンごとに書き出した必要なものを、それぞれどのように収納するのかを考えます。実際に使う人が出し入れしやすい収納方法を選ぶのがポイント。収納方法を決めたら、それに合うサイズ・形態・素材の収納用品を選びます。

06 | 空間サイズを測る

96ページ～

☑ 収納するスペースを測る
☑ 動作寸法・動作空間を考える

収納する場所の広さ（幅・高さ・奥行き）を測ります。実際にものを使うことを想定しながら、扉を開けたり引き出しを引いたりして出し入れする際、必要となる空間サイズ（動作寸法・動作空間）も忘れないように。

07 | 必要なものを購入する

☑ 家具を購入する
☑ 収納用品を購入する

サイトやカタログで、あらかじめ候補を挙げてから店頭へ行きます。実際の色味や質感、引き出しの開閉などを確認。家中で使い回す・引っ越しが多い場合は、組み合わせや移動がしやすいかどうかも決める時のポイントになります。

08 | 配置する

64ページ～
96ページ～

☑ 家具を配置する
☑ ものを収める

家具を配置することでコンセントを塞いでいないかを確認。人の行き来がある場所は、通り道の幅が最低60cmは確保できているかも合わせて確認します。収納方法は見た目よりも使いやすさを考慮すると暮らしが快適になります。

09 | 維持する

108ページ～

☑ 片づけしやすいように工夫する
☑ 定期的に見直す

元の場所に戻しやすいようラベリングして、ライフスタイルが変わる時は収納を見直します。「出し入れしづらい」「出しっぱなしになっている」などの状態になったら、その都度、見直すことも大切です。

一人暮らしに向け、物件探しから部屋作りまでワクワクしながら行っていたことを覚えています。当時の私は「趣味のＤＪを思いっきり楽しみたい！」という明確な目的があり、その目的を叶えられる部屋作りを目指しました。「音漏れがしない防音性の高い部屋」「ＤＪの機材やレコードを置けるスペースがある」という物件を探し、ＤＪの機材を置くためにクローゼットと玄関の棚にすべてのものを収納しました。

　こうして、整理収納に関してはまったく考えずに部屋を作り上げたわけですが、いざ生活してみると「ＤＪは楽しめる。でもなんか生活しづらい」と感じるように……。今、振り返って改めて思うのは「理想の部屋は、整理収納を考えずに維持することはできない」ということです。

観葉植物を置いてグリーンを差し色に。部屋の雰囲気が明るくなります。

TASTE 01 *Natural*

理想のテイストにして自分好みの部屋を作る。

ナチュラル・北欧・和モダン・男前……いろんなテイストの家具や収納用品がそろっている無印良品。どれを選ぶかによって、部屋の表情もまったく異なります。

22～27ページではナチュラルテイストの部屋、28～33ページでは男前テイストの部屋を、無印良品のアイテムをメインに作ってみました。収納アイデアも紹介しているので、楽しみながら見ていただきたいです。

COLOR

brown　white

CONCEPT

・大好きな読書を楽しめる部屋

・いつでも女子会できる部屋

寝ている時、地震が起きてもものが落ちない場所に配置。

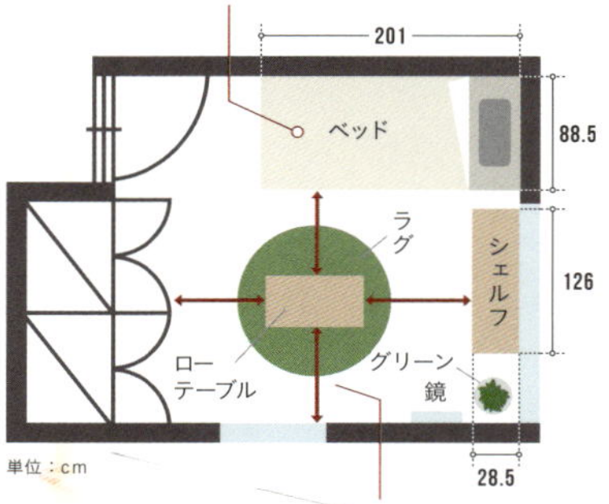

テーブルの四方は、行き来することを考えて60cm以上あけます。

やさしく自然な雰囲気を壊さないよう、ブラックやステンレスなど主張の強い色・素材のアイテムは避けるように。

差し色が際立つよう白やグレーなど、やわらかみのある色を取り入れます。

ナチュラルテイストの場合は、天然素材の家具や収納用品を取り入れるとGOOD。

出し入れしやすいスタッキングシェルフには、よく使うものをまとめて収納。枠ごとに収納するもののジャンルを分け、コの字棚や仕切棚を使って上下の空間を生かしています。

スタッキングシェルフセット・3段×2列・オーク材

3 生活雑貨

ポリプロピレンケース
引出式・横ワイド
薄型・ホワイトグレー

ファイルや電池、封筒などの生活雑貨は、引き出しケースを重ねて分類収納。5のファイルボックスの色と合わせてホワイトグレーにしました。

1 小物

木製 角型トレー

めがねや時計など毎日使うものは出しっぱなしに。トレーを利用すれば、そのまま取り出して持ち運べる収納にもなります。

4 バッグ

ステンレス
ひっかける
ワイヤークリップ

よく使うバッグは形崩れしないように、バスケットに立てて入れました。バスケットにはクリップでBAGのタグをつけています。

2 メイク用品

スタッキング
シェルフ
コの字棚

重なるアクリル
仕切付スタンド
ハーフ etc.

コの字棚で上下を分け、下にメイク用品をまとめました。収納用品は透明のアクリル素材で見やすく、取り出しやすいように立てて収納しています。

D＝奥行き

5 書類

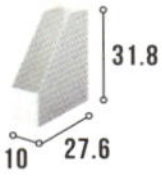

ポリプロピレン
スタンドファイルボックス
A4用・ホワイトグレー

書類や雑誌はファイルボックスへ。ファイルボックスは写真のように裏向きにすると見ためスッキリ、表向きにすると出し入れしやすくなります。

6 本 etc.

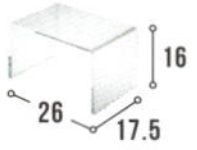

アクリル仕切棚

寝転がりながら読みたい本やティッシュは、ベッドから取りやすい場所に。無印良品の掃除グッズは出しっぱなしでもおしゃれです。

7 ひざ掛け

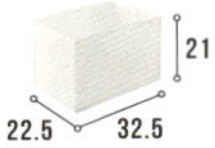

高さが変えられる
不織布仕切ケース
大・2枚入り

ひざ掛けがバスケットに引っ掛からないようインナーカバーを使用。出し入れのしやすさに関わるので、収納用品の高さ選びは重要(58ページ参照)。

8 インテリアグッズ

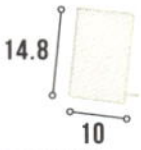

ABS樹脂 フレーム
ハガキサイズ用

インテリアグッズは置き過ぎず、左右対称のバランスになるよう配置すると安定感が出ます。指し色にグリーンを入れると部屋が明るくなります。

9 ゴミ箱 etc.

ベッドから手の届く場所に、携帯電話入れとゴミ箱を設置。スチール仕切板にマグネットバーをつけ、ポケットを引っ掛けています。その上には、マグネット付クリップにto doなどのメモを挟んで忘れないように。

スチール
仕切板・大

マグネット
バー

ポリプロピレン
ファイルボックス用
ポケット

ABS
マグネット付
クリップ

11 メンテナンス用品

ポリボトル
ノズル付・小
300ml・クリア

PET小分けボトル
スプレータイプ
100ml

右側のボトルは葉っぱの水やり用、左側のボトルは髪の寝ぐせ取りと葉っぱの水やりを兼用。使う場所のすぐ近くに置いておくと便利です。

10 メイク用品

鏡を見ながら身支度できるコーナー。コンセントが隠れないように、棚や鏡の配置に気をつけています。鏡に近いシェルフの右側にメイク用品を集めました。

13 鏡

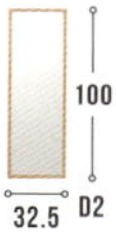

壁に付けられる
家具・ミラー
中・オーク材

身支度しやすいだけでなく、朝、起きた時、ベッドから自分の姿をパッと見てチェックできるような場所に鏡を配置しています。

12 ヘアケア用品

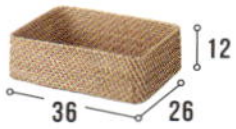

重なるラタン
長方形バスケット・小

ブラシやドライヤーをまとめてバスケットに。入れるだけのざっくり収納ですが、使わない時はコの字棚の下に入れて隠すこともできます。

D＝奥行き

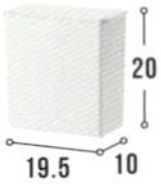

ポリプロピレン
ごみ箱・角型・袋止め付
小（約3L）
※フタを外して使用

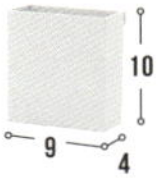

ポリプロピレン
ファイルボックス用
ポケット

ポリプロピレン
ファイルボックス用
仕切付ポケット

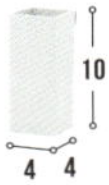

ポリプロピレン
ファイルボックス用
ペンポケット

14 文房具

裏 文房具

ラベリングして、ものの定位置を決めると散らかり防止になります。ものが出し入れしやすい高さの収納用品を選ぶのもポイントです。

表 文房具

テーブルの下には文房具をまとめて収納。使う時はそのままテーブルの上に出せるので便利です。よく使うものだけを厳選して分類しました。

15 テーブル

ナチュラルテイストに合う木製の素材、床に座ってもゆとりのある高さ、そして引き出しがついているローテーブルを選びました。

テーブルに引き出しがあると、使用頻度の高いものをしまえるので便利。右側はパソコン、左側は手帳・ウェットティッシュ・卓上ほうきを入れています。

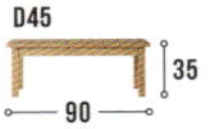

無垢材
ローテーブル
オーク材

TASTE 02 Cool

お気に入りの部屋でずっと過ごすために工夫をする。

アクセントになるものを飾ります(この部屋の場合は、愛用のスニーカーやキャップなど)。

ラベルやステッカーをうまく使って、さりげなく収納しているものがわかるようにカスタマイズ。

男前インテリアの場合は細々した収納をせず、ざっくり収納にするのがポイント。

一人暮らしの部屋は、自分好みのテイストにし放題。過去にタイムスリップできるとしたら、きっと私は無印良品のアイテムで「男前テイストなＤＪ部屋」にしていると思います。当時の私は、「ＤＪを楽しみたい！」という思いだけで部屋作りしていましたが、「どんなテイストにしたいのか」「それを叶えるアイテムはどんなものか」まで考えていれば、もっと素敵な部屋にできたなと思います。

男前でかっこいいテイストの部屋を作るには、ブラック・シルバー・デニムなど主張の強いカラーや素材を取り入れます。

有孔ボードなどを使って壁面収納。スペースを有効活用！

棚の幅はなるべくそろえて凹凸をなくし、スッキリさせます。

単位：cm

COLOR

black white silver

CONCEPT

大好きなものが
いつでも鑑賞できる部屋

1 衣類

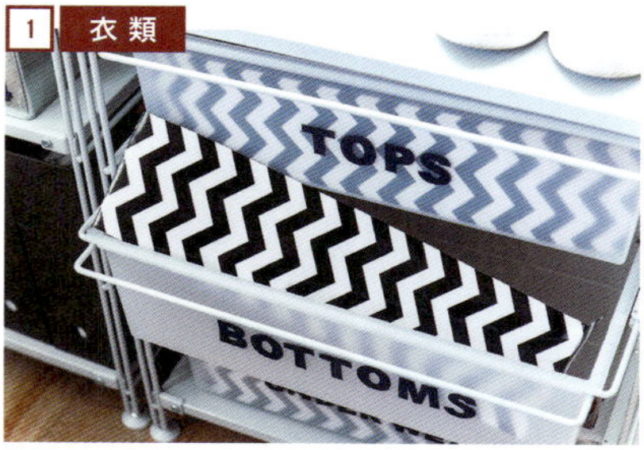

トップス、ボトムス、アンダーウェアと、ジャンルごとに分けて引き出しに。バスケットに挟んでいるのは、100円で購入したレンジマット。元からついていた折れ目に沿って切ったら、バスケットにぴったりのサイズでした♪

バスケットやボックスに貼っているのは、100円で購入した貼れる布（デニム）です！

スチールユニットシェルフ（小）を2つ並べて使用。収納するものの大きさに合わせて棚板の高さを変えられるので便利です。グレーのユニットシェルフ、シルバーのトタンボックス、ブラックの置き時計やファイルボックスで、男前インテリアを演出。

デジタル時計・大
ブラック
型番：MJ-DCLB1

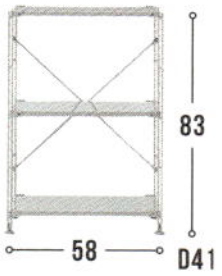

スチール
ユニットシェルフ
スチール棚セット
小・グレー

D＝奥行き

4 雑誌

男前インテリアにするため、ブラックが多く見えるようにファイルボックスの裏面を手前に向けています。

32 / 10 / 28

ワンタッチで組み立てられる
ダンボールスタンド
ファイルボックス
A4用・5枚組・ダークグレー

5 グリーン

グリーンの植木鉢に被せているのは、インテリアショップで購入した畳める収納バッグ。植木鉢の高さに合わせて、バッグの回りをクルッと中に織り込んでいます。

2 インテリアグッズ

1つのシェルフの上段は棚板をつけず、フィギュアと大好きなスニーカーを飾りました。フィギュアがスニーカーを履いているみたいで、かわいいですよね。

3 趣味のもの

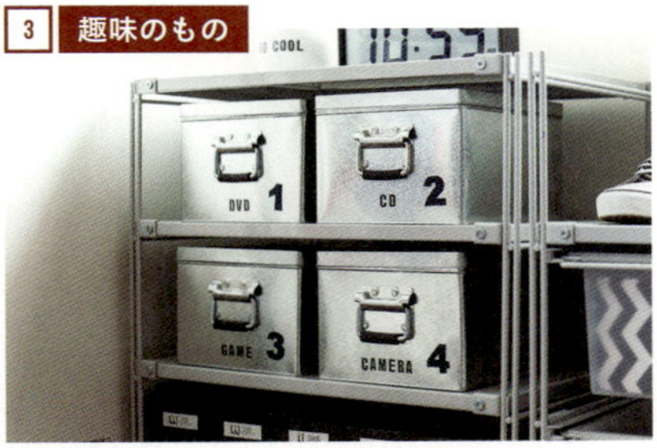

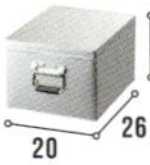

15 / 20 / 26

トタンボックス
フタ式・小

CDやDVD、ゲームなどはそれぞれボックスにまとめて保管。フタつきボックスで、ホコリかぶり防止&隠す収納をしています。

6 衣類・バッグ

シーズンオフの衣類とバッグをそれぞれまとめた収納ボックスは、頑丈な造りで上に座ることができる優れもの。友だちが遊びに来た時は、イスとして活用します。

37 / 60.5 / 39

ポリプロピレン
頑丈収納
ボックス・大

37 / 40.5 / 39

ポリプロピレン
頑丈収納
ボックス・小

9 掃除グッズ

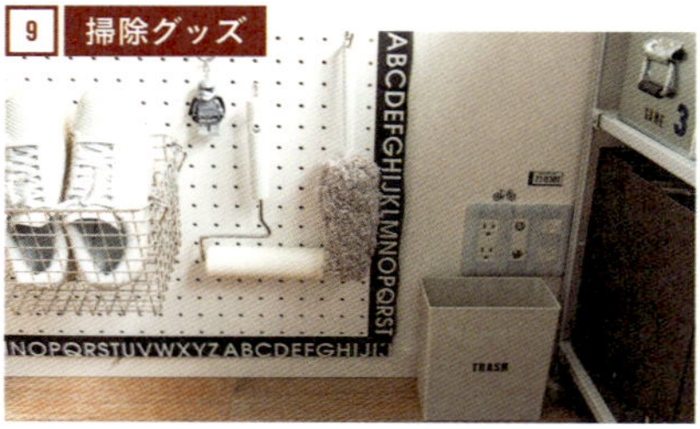

ポリプロピレン・ごみ箱
角型・袋止め付・小（約3L）
※フタを外して使用

見せる収納はホコリかぶりしやすいので、掃除グッズはすぐ取れる場所に。ゴミ箱はジャマにならない大きさを選びます。

7 靴・帽子

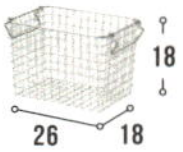

18-8 ステンレス
ワイヤーバスケット I

靴はワイヤーバスケットに1セットずつ入れて並べ、帽子はフックに引っ掛けました。形崩れの心配がなく、使う時も出し入れしやすい収納です。

10 ソファ

体にフィットするソファ
※本体とカバーは別売
写真のカバーは綿デニム（ネイビー）

今、読んでいる雑誌はバスケットに入れて出しっぱなしにしておきます。ソファに座ってくつろぎながら読むことを想定した場所に配置。

8 雑誌

雑誌はファイルボックスに保管していますが（31ページ参照）、お気に入りで見せる収納にしたいものはフックに引っ掛けて飾っています。

よく使うものや、趣味の釣り道具をまとめた身支度コーナー。背の高いシェルフは部屋の隅に配置して、圧迫感が出ないように。

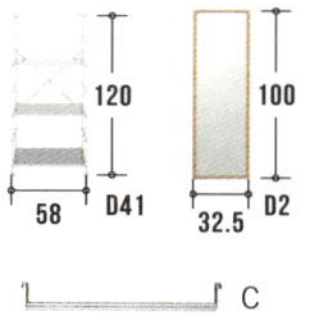

A. スチールユニットシェルフ
スチール棚セット・中・グレー

B. 壁に付けられる家具
ミラー・中・オーク材

C. ユニットシェルフ
ワードローブバー
幅56cmタイプ用

11 趣味のもの

細々した釣り道具は整理トレーに分類。ホワイトグレーのキャリーケースは見ためがおしゃれなのでインテリアとして飾りつつ、使う時はそのまま持ち運べます。

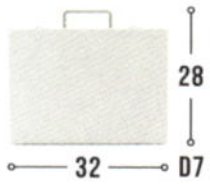

自立収納できる
キャリーケース
A4用・ホワイトグレー

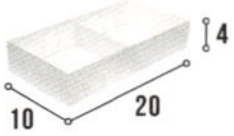

ポリプロピレン
デスク内整理トレー2
etc.

13 衣類

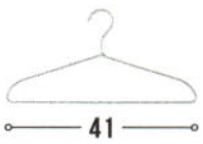

アルミ洗濯用ハンガー
3本組

使用頻度の高い衣類はハンガーで引っ掛け収納。無印良品のハンガーは種類豊富なので、用途に合わせて選べます(117ページ参照)。

12 趣味のもの

趣味の釣り専用の衣類やタオルは、まとめて引き出しケースへ。普段着の収納場所とは分けて、スムーズに身支度できるようにしています。

EPISODE 02 整理・初級編

キレイに収納しても整理していないと散らかる。

キレイに整えたつもりの
一人暮らしの部屋ですが、
実際に暮らしてみると
「な～んか、使いづらいなぁ」と
感じることが増えていったのです……。

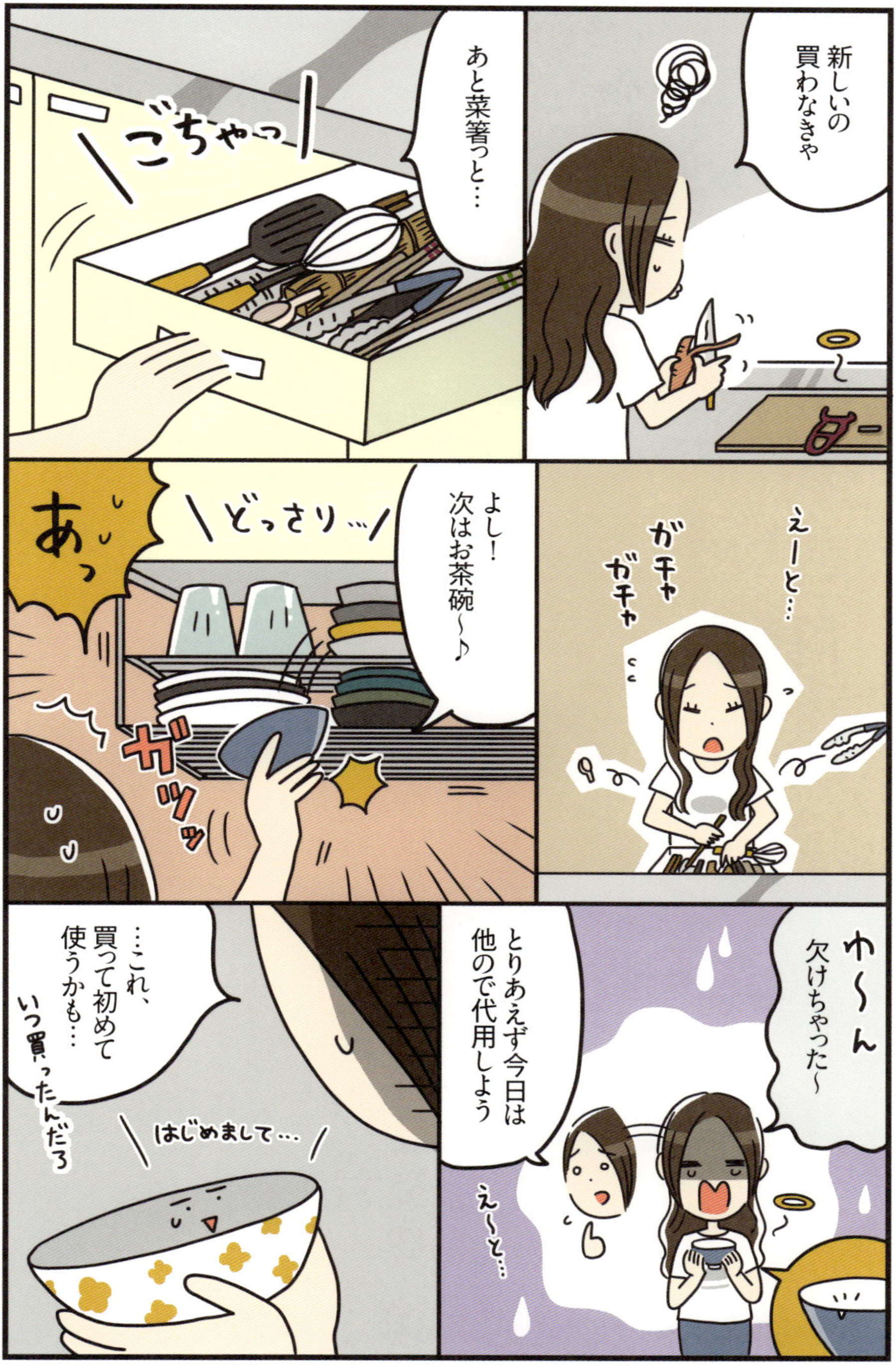

新しいの買わなきゃ
あと菜箸っと…
ごちゃっ
えーと…
ガチャガチャ
よし! 次はお茶碗～♪
どっさり…
あっ
ガツッ
ゆ～ん 欠けちゃった～
とりあえず今日は他ので代用しよう
え～と…
…これ、買って初めて使うかも…
いつ買ったんだろ
はじめまして…

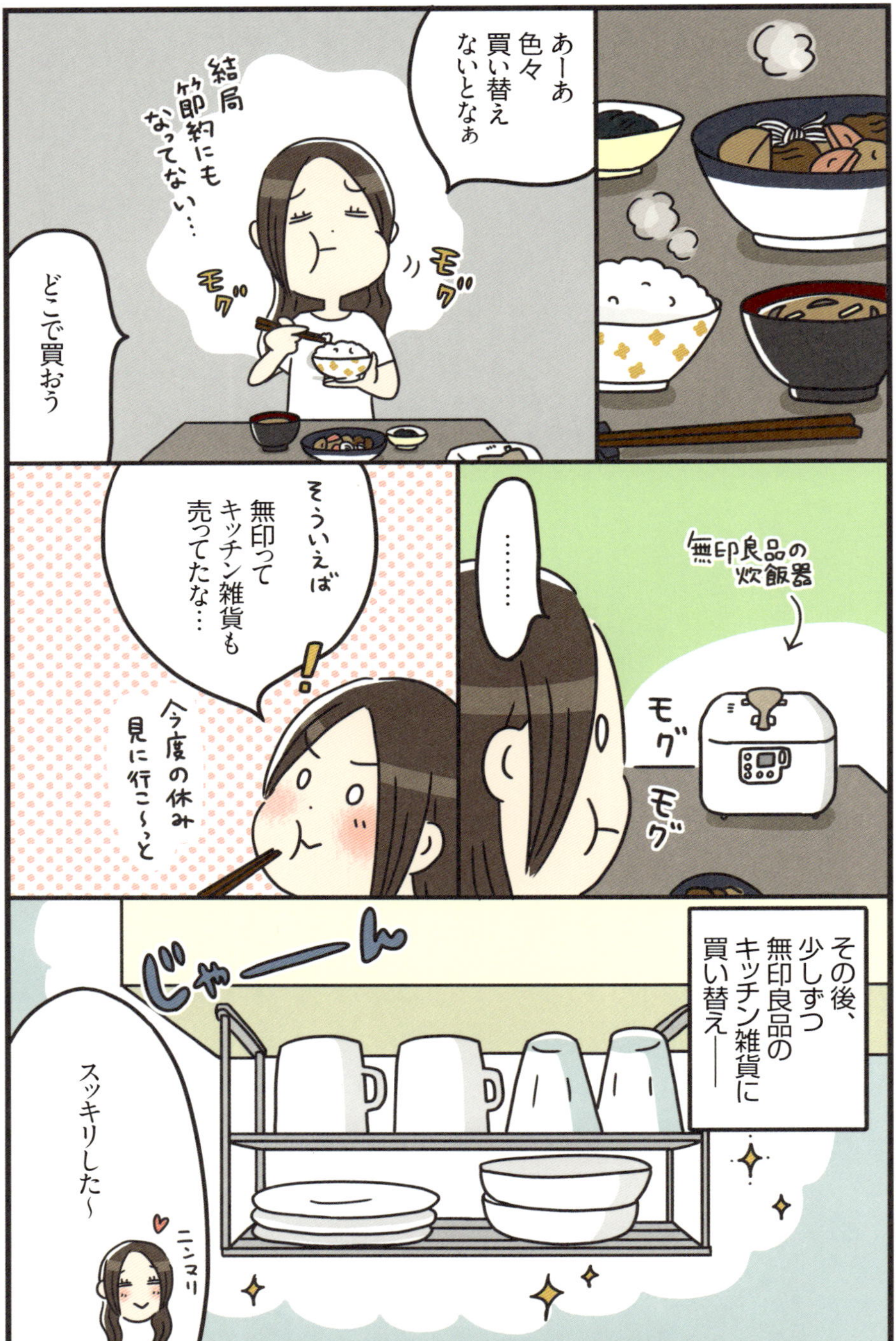
あーぁ
色々
買い替え
ないとなぁ
結局
節約にも
なってない…
モグ
モグ
どこで買おう
……
無印良品の
炊飯器
モグ
モグ
そういえば
無印って
キッチン雑貨も
売ってたな…
!
今度の休み
見に行こ～っと
その後、
少しずつ
無印良品の
キッチン雑貨に
買い替え——
じゃーーん
スッキリした～
ニンマリ

この器なんて…ヘビーローテーションすぎ?
丼ものにも麺類にも使い回せてベンリ♪
うどん
昨日
カレー
今日
エヘ
調理小物を出しっぱなしにしても気にならないし♪
なんだか最近、料理が楽しい!
2年後——
変わらずスッキリをキープ
トン
トン
料理、手伝うよ
彼(将来の夫)
炊飯器もそのまま
あ、もうできたよ♪
特にこだわりなく買った無印良品の家電や雑貨ですが
生活空間に不思議となじみ
おいしい!
長く使える愛用品となりました

EPISODE 02

整理・初級編

なぜ、ものはあふれるのか？

「いつの間にか、家の中がものであふれている……」という状態になっていたら
収納の仕方ではなく、もっと根本的な原因があるかもしれません。

原因.1

整理→収納の順番を間違えている。

ものを収納する前に、いる・いらないの選別をします。不要なものを取り除かないと
収納場所はすぐにあふれ、必要なものが出し入れしづらくなります。

一 整理　いる・いらないを選別して不要なものを取り除く

もの

いるもの

- 今、使っているもの
- 必ず使うもの
- 思い出が詰まっているもの

「今まで使っていた」という過去や、「いずれ使うかもしれない」という未来ではなく、「現在」を基準に判断します。

いらないもの

- 今もこの先も使わないもの
- 思い入れのないもの

「最後に使ったのがいつなのか覚えていない」「なんとなく置いている」というものは、今の自分には必要ないもの。

一 収納　必要なものを出し入れしやすい状態にする

いるもの

収める

必要なものは、収納用品を使って出し入れしやすい状態にします。収納用品は使う人や場所、目的に合ったものを使用。

幼い頃から片づけや掃除が好きだった私は、一人暮らしをしてからも「家の中が散らかって困る」という経験はありませんでした。ですが、「片づいているけれど、生活しづらい」と感じることはよくありました。

原因は、いるもの・いらないものの選別をせず、収納場所にすべてまとめていたこと。加えて、当時は「安いから買っておこう」「いつか使うかも……」などと、深く考えずにものを購入していました。そのため、色味やテイストに統一感もなく、「なんだかゴチャゴチャしている……」という状態だったのです。

ですが、無印良品の炊飯器だけは特別な存在でした。とてもスッキリした出で立ちで、自然と空間になじんでいる……。そんな炊飯器に愛着がわいたこともあり、キッチン雑貨を買い替

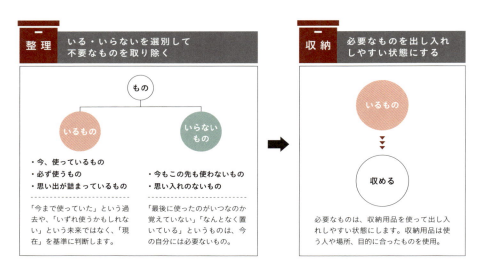

原因 .2

いらないものが何か、わからない。

「いらないもの」ではなく、「いるもの」をピックアップすると整理しやすくなります。「今、使っているもの」「大切に取っておきたいもの」だけを手元に残しましょう。

原因 .3

ものの統一感がない。

（ものがあふれているように見える）

家具や家電に統一感がないと、部屋がゴチャゴチャして見えます。あえてワンポイントになるものを置くという場合を除き、色味やテイストは統一したほうがスッキリします。

原因 .4

適正量がわかっていない。

今の暮らしに必要な量がわからず、ムダにものが増えてしまう場合も。必要なものの量は、家族構成や趣味、間取りなどライフスタイルによって大きく異なります。

> 40ページ参照

原因 .5

コンパクトになっていない。

商品をパッケージごと保管するという方が多いのですが、かさばるようならパッケージから出して小さい袋に入れ替えを。収納場所を余計に占領することがなくなります。

> 80ページ参照

える時は、なんとなく足は無印良品へ。そして、無印良品のアイテムが増えるごとに部屋はスッキリとした空間になり、むやみにものが増えることもなくなったのです。

もちろん、当時の私はその理由なんて、まったく考えもしませんでしたが……。

C　B　A

A.しゃもじ置き付き炊飯器・3合

B.シリコーン調理スプーン
長さ約26cm

C.ステンレス ターナー
約幅8.5×長さ33cm、柄24cm

無印良品の家具・家電や生活雑貨は、シンプルで丸みのある形のものが多くあります。空間にも、手にもなじむようにと考えられたデザインですね。

整理・初級編

暮らしに合った「適正量」を考える。

もののの適正量を考えるには、まず自分のライフスタイルと向き合うこと。
収納場所や収納用品に合わせて「ここに入るぶんだけ持つ」と決めるのも手です。

適正量を確認する時のポイント

靴

大人用の靴と子ども用の靴で、収納するのに必要なスペースの広さが変わってくるので注意。特にブーツなど種類が多い女性用の場合、横幅だけでなく高さも気にする必要があります。

食器

食器棚の棚板に、何枚の食器が並べられるかを確認しましょう。ただし並べたうえで幅に余裕があっても、重ね過ぎると下のものを使わなくなったり、持ち過ぎにつながるので要注意。

掛ける衣類

自宅のクローゼットに、何本のハンガーが掛けられるのかを確認しましょう。ハンガーをラクに動かせるだけの、余裕のある空間にすることがタンスの肥やしを防ぎます。

畳む衣類

衣類を畳んで収納する場合は、まず「自分がラクに継続できる畳み方」を見つけることが大切。畳み方によって、収納できる枚数や必要な収納用品も変わってきます。 > 57ページ参照

適正量を出すには、ライフスタイルから「わが家に合った数なのか」を考える必要があります。例えば、食器ひとつ取っても毎日の料理の品数、来客の人数によって適正量は異なります。衣類に関しては、「洗濯を週に何回するのか」というのも適正量を決めるポイントとなるでしょう。

「収納場所から適正量を出す」という方法もあります。ですが、それにはまず基本的なもののサイズを知っておく必要があります（209ページ参照）。例えば、靴のサイズを知っていれば「棚板○センチに対して△足しか収納できない」ということが想像できます。

日々の生活の中で、もののサイズは気にしないかもしれませんが、それこそが適正量を考える大切なヒントとなります。

無印良品アイテムの適正量

紙袋

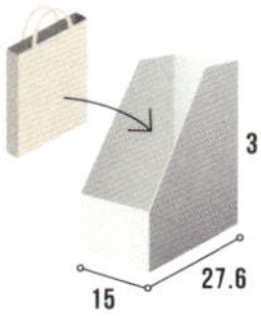

ポリプロピレン
スタンド
ファイルボックス
ワイド・A4用
ホワイトグレー

余裕を持って出し入れできるのは10枚まで、多く持ちたい場合はマックス15枚。それ以上、詰めてしまうと出し入れしづらくなります。

鉛筆 ペン

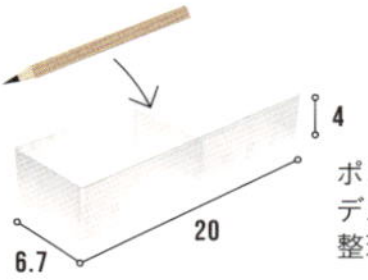

ポリプロピレン
デスク内
整理トレー3

トレーにぴったり入る本数は鉛筆8本、ペン5本。中央をつかんで余裕を持って出し入れするには、そこから1本引いた数が理想です。

レジ袋

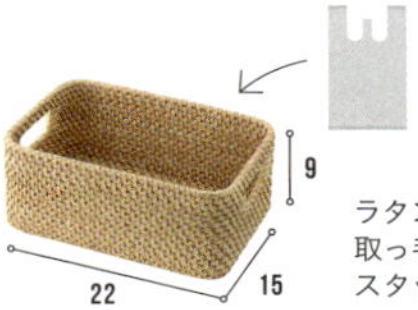

ラタンボックス
取っ手付
スタッカブル

畳むのが面倒という人は、丸めるのがおすすめ。余裕を持って出し入れできるのは8枚(2×4列)、多く持ちたい場合は12枚(3×4列)。

フェイスタオル

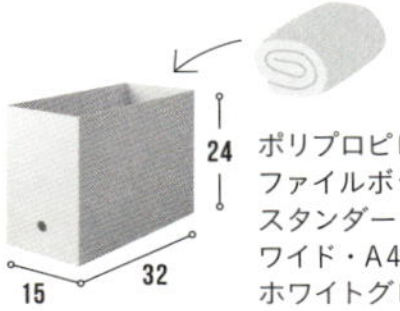

ポリプロピレン
ファイルボックス
スタンダードタイプ
ワイド・A4用
ホワイトグレー

丸めたタオルをファイルボックスに立てて収納。余裕を持って出し入れできるのは8枚(2×4列)、多く持ちたい場合は10枚(2×5列)。

私自身、一人暮らしをしていた時は、自分に必要なものの量なんて気にしたことはありませんでした。けれど、ものがあふれないように自然と実践していたことがあります。それはレジ袋や紙袋など、日々増えていくものは「ここに入るぶんだけ残す」と決め、あふれそうになったら手放すということ。今思うと、すごく単純だけれど、とても合理的でわかりやすい方法だなと感じます。

今ではタッパーやお菓子、文房具など、あらゆるものにおいてこの方法を適用。その際、無印良品の収納用品を味方につけて、「この収納用品いっぱいになったら、必ず見直す」というルールを家族で共有しています。収納用品には詰め過ぎず、余裕を持って出し入れできる量にとどめるのもポイントです。

無印良品の文房具と、私。

私が初めて無印良品に出合ったのは、高校生の時。
使いやすく、シンプルでおしゃれな文房具が大好きでした。

アクリルシャープペン
エアーグリップ付・0.5mm

私の無印人生はシャープペンから始まりました！　勉強する時に愛用していたのはこれ。握りやすく書きやすくて、今でもお気に入りです。

植林木ペーパー
チェックリスト付箋紙
約4.4×9.8cm・45枚

外で仕事をする時、この付箋にやるべきことを記入してパソコンに貼っています。終わったものにチェックを入れられるので便利。

短冊型メモ
チェックリスト
40枚・14行・約8.2×18.5cm

1週間の間にやることは、このチェックリストに記入してダイニングテーブルに置いています。子どもに関わることを優先的に記入！

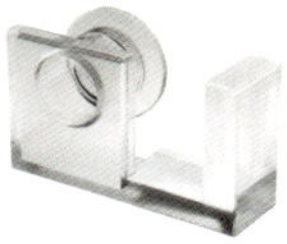

アクリル
テープディスペンサー
セロハンテープ・小用

見ためがシンプルで、切れがいい！　アクリル樹脂なので、子どもでも安心して使えます。ダイニングでも子ども部屋でも大活躍。

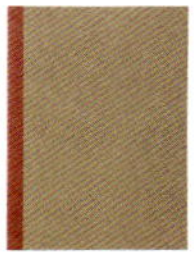

再生紙ノート・無地
B5・ベージュ・30枚・糸綴じ

子どもたちのお絵かきに使っているのはこれ。スタンプを押したり絵を描いたりして、表紙のカスタマイズを楽しんでいます。

スチール２穴パンチ
サイドゲージ付

わが家の書類整理は、これがないと成り立ちません。学校のプリントやお便りに、パンチで穴を開けてファイリングしています。

こすって消せるボールペン
赤・0.5mm

とても書きやすくて､サッと消せる！　仕事のおともにはこのボールペン以外、もう使えません。黒と赤をずっと愛用しています。

軽く切れるはさみ
フッ素樹脂加工
白・全長約15.5cm

玄関とパソコンスペースで愛用中。握りやすくて切れがいいのはもちろん、見ためもシンプルでわが家の空間にとても合っています。

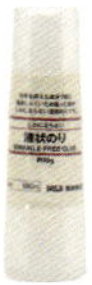

しわにならない液状のり
約35g

ツインタイプで、用途に合わせて使い分けできるところがお気に入り。残量がわかりやすくシワにならない点も、うれしいポイントです。

CHAPTER 02

新婚生活

無印良品って、
なんかいい。

EPISODE 03 ものの寸法

「大は小を兼ねる」は整理収納には当てはまらない。

28歳の時、3年間つき合った彼と
結婚することになりました。
ふたりで結婚式の準備をしつつ、
新居探し（賃貸）を始めたのですが……。
条件や間取りに関して
こだわりの強かった私たちは、
良い物件がなかなか見つけられませんでした。
そして、物件探しに疲れ果てた私は、
ふとダンナさんに提案。

ふたりでたくさん話し合った結果、
「家賃を払うのも、
住宅ローンを払うのも額は同じ。
だったら納得する家のほうがいいね」
ということで意見が一致し、
条件に合う土地を見つけて
家を建てることにしたのです！

新居は戸建てで、
間取りはすべて自分たちで決めました。
一番のこだわりは、リビングに
大きなクローゼットを設置すること。
家中のものをここにまとめて
収納できるようにしたいと思いました。

しっかりサイズを測って
買ったわけでもないのに、
無印良品のポリプロピレン収納ケースが
クローゼットにぴったり収まって
めちゃくちゃ感動！

ところが、この
「大きい収納にまとめておけばいい」
という考え方は、
大きな間違いだったのです……。

じゃあ失礼しま〜す
どうも〜
ん〜
パタン
引越完了〜♪
テラス
TV
ローテーブル
ソファー
食器棚
階段
ラグ
ホール
クローゼット
玄関
梶ヶ谷家の新居
1階の間取り
フフ、いい感じ〜
モデルルーム感でてるね
夫
ここでゆっくりテレビ見ながら
お茶飲んで〜
ゴロン
ガシッ

どーん
先に荷・ほ・ど・き!
は〜い…
ガサゴソ
座布団はどこに置く?
来客用の
あ〜…とりあえずクローゼットのそこに重ねておいて
掃除機もクローゼットでいいよね?
うん!あいてるところに
雑誌は?
それもクローゼットでいいよ!
全部まとめて入れちゃおう!
やっぱクローゼット大きくしてよかったね〜
何でも入る〜♪
ね〜♪

でも、こーいう細々したものを入れる収納
買うの忘れてたね
ストック類とか…
おそうじシート
たしかに！
じゃあ無印で買おう♪
シンプルで目立たないやつ♪
OK！
ランチついでに買いにいこうか
そして——
じゃ〜ん
ポリプロピレン収納ケース引出式（大）
入った〜！
む、無駄なスペースがない!!
ピッタリ
中も見て♪
ケースごとに分類してるからわかりやすいでしょ
キチッ
お〜
おそうじシート
おそうじシート
しかもなぜかサイズぴったり…
しげ
しげ
奥行きまで…

無印良品　生活雑貨売り場
あれとこれと〜♪
あっこれも♡
サイズ確認しないの？
そういやちゃんと測ってなかったけど
うん♪うまく組み合わせればいけるでしょ♪
あっキッチン用収納ケースも〜
え〜…
うふふ計算通り♪
計算…？
ま、いっか…
…
うっとり…
きっちり
あ〜疲れた〜
無印良品ってなんかいい!!
「生活のサイズ」が私と合う感じ!!

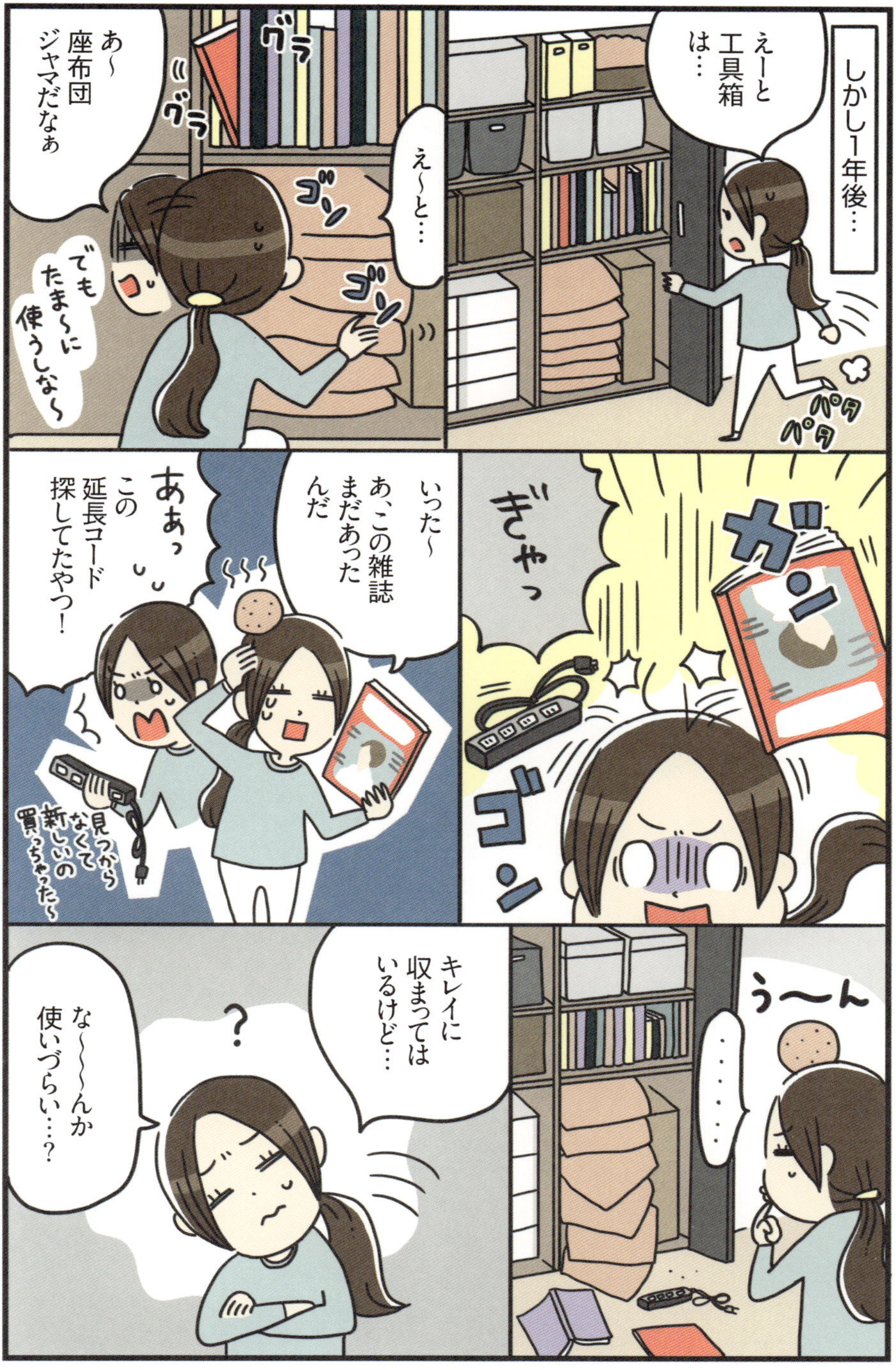
しかし1年後…
えーと工具箱は…
パタパタ
え〜と…
ゴン
ゴン
グラ
グラ
あ〜座布団ジャマだなぁ
でもたま〜に使うしな〜
ガン
ぎゃっ
ゴン
いった〜
あ、この雑誌まだあったんだ
あぁっ
この延長コード探してたやつ!
見つからなくて新しいの買っちゃった〜
う〜ん
……
キレイに収まってはいるけど…
?
な〜〜んか使いづらい…?

ものの寸法

ぴったりハマるのは、偶然ではなく必然。

「無印良品の収納用品がスペースにぴったり収まった！」という経験はないでしょうか？
それは偶然ではなく、考え抜かれた寸法（モジュール）のおかげなんです。

- **A** 重なるブリ材 長方形バスケット・小 **D26**
- **B** 重なるブリ材 長方形バスケット・大 **D26**
- **C** 硬質パルプ・引出 4個 **D25.5**
- **D** 使い方のえらべる スチールスタンド ライトグレー **D15**
- **E** スタッキングチェスト 引出し・4段 ウォールナット材 **D28**
- **F** 18-8 ステンレス ワイヤーバスケット4 **D26**
- **G** ダンボール・引出式 横ワイド・2段 **D26**
- **H** ダンボール・引出式 横ワイド・深型 **D26**
- **I** ポリプロピレンケース 引出式・横ワイド・深型 **D26**
- **J** ポリエステル綿麻混 ソフトボックス 長方形・大 **D26**
- **K** 重なるラタン 長方形バスケット・小 **D26**
- **L** 重なるラタン 長方形バスケット・大 **D26**

D＝奥行き

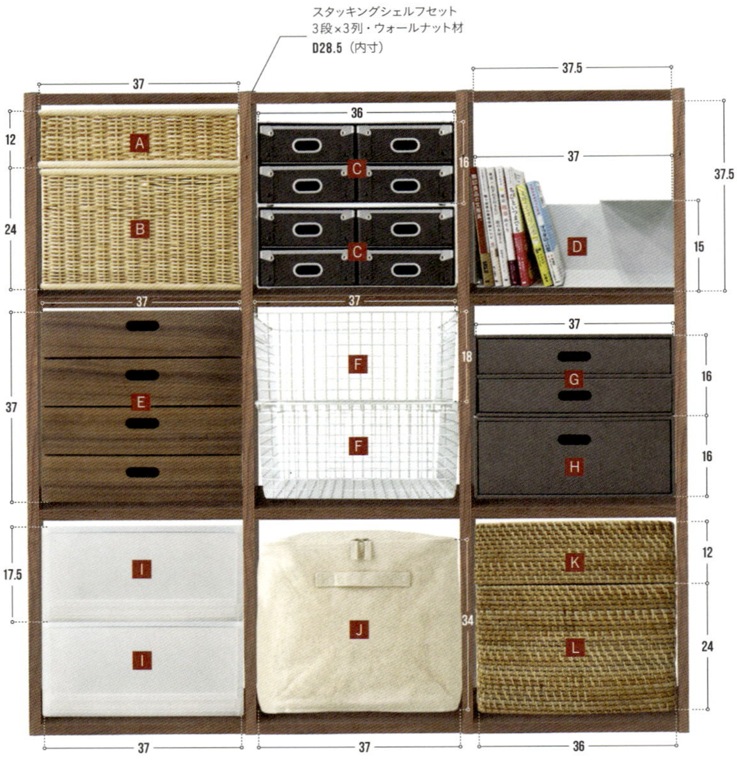

新婚当時、新居のリビングには大きなクローゼットがあり、私たちはそれを「わが家の収納庫」として作り上げることにしました。

　ところが、その時の私は「どこに・何を・どのように収納すれば快適な暮らしができるのか」なんて考えもせず、ただただものを収めていくという残念な感じでした。

　そんな中、ストック類など細々したものを収納するためにケースが必要になりました。そこで買いに行ったのが、一人暮らしの時にもお世話になっていた無印良品です。クローゼットのサイズも測らず無印良品に行き、「これでいいかな」という勘だけで収納ケースをチョイス。それを自宅に帰ってリビングのクローゼットに収めると、見事にサイズがぴったり！　とても感動し

収納用品の基本モジュール

収納家具「スチールユニットシェルフ」の一棚の内寸が基準に設定され、幅26×奥行37cmという数字が生まれました。収納家具のサイズに合わせて、幅26×奥行37cmの収納用品を2つか3つ、並べて収めます。

畳

日本家屋は「尺」という寸法が基準になっています。畳の幅は3尺（約91cm）。敷布団の幅や、押し入れの襖1枚の幅なども同じく3尺です。

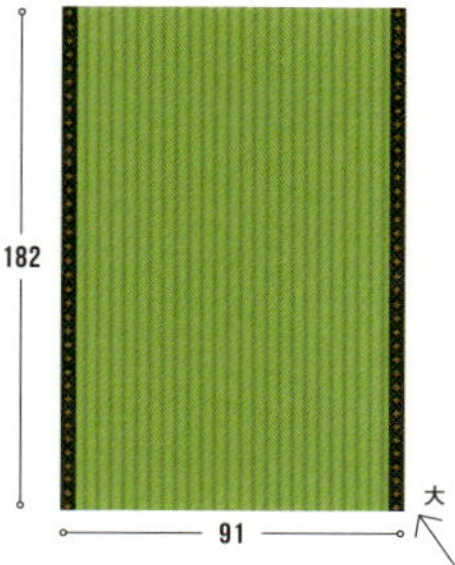

日本家屋の扉

モジュールの高さ約175cmは、日本家屋の扉や鴨居の高さに合わせられています。

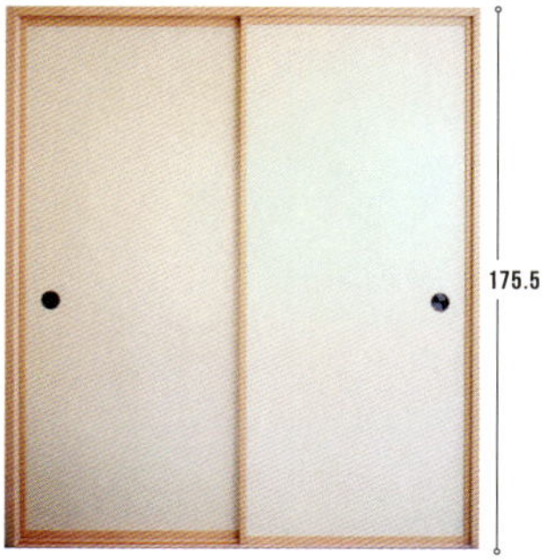

用
重なるラタン
長方形バスケット

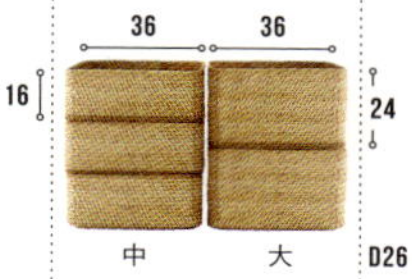

家
ユニットシェルフ用
ボックス
引出し・2段

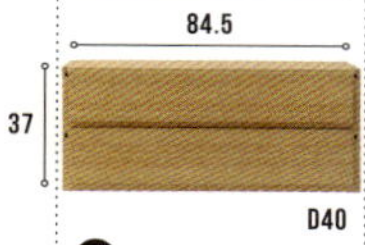

家
スチール
ユニットシェルフ
ワイド大

1997年発売。畳の幅（91cm）よりも小さく設定されたモジュールが誕生するきっかけに。

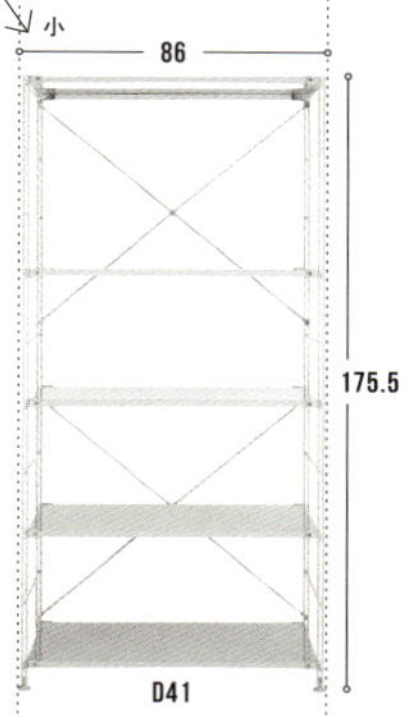

用
ポリエステル綿麻混
ソフトボックス
フタ式 L

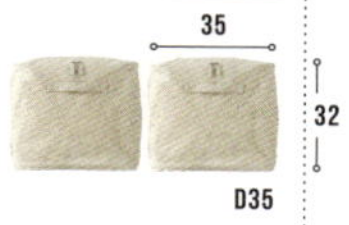

用
ブリ材角型
バスケット

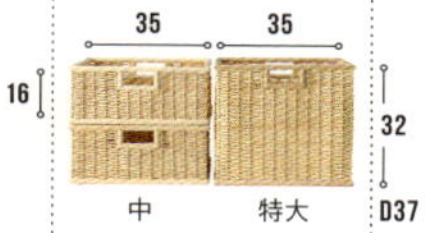

家
パイン材
ユニットシェルフ・大

2008年に発売。この商品もモジュールに合わせて作られています。

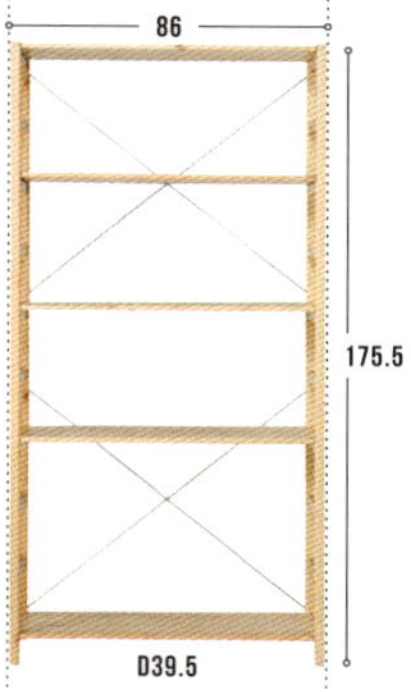

用
18-8 ステンレス
ワイヤー
バスケット 1

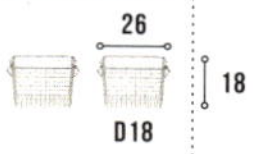

用
ポリプロピレン
ケース・引出式

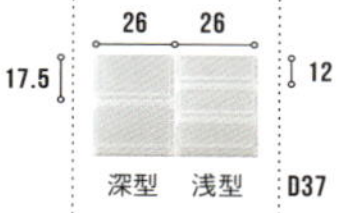

家
ステンレス
ユニット
シェルフ・大

同商品のワイド・大より幅が小さめに設定された商品。

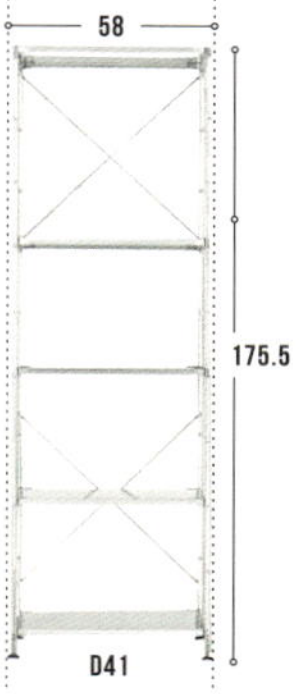

D＝奥行き　家＝収納家具、用＝収納用品

たことを覚えています。

　ですが、ぴったりハマったのはもちろん私の勘なんかではなく、無印良品オリジナルの考え抜かれた寸法（モジュール）のおかげ。無印良品の収納家具や収納用品のモジュールは、日本の多くの生活空間に対応できるよう考えられたもの。日本の住宅に使われている「尺《しゃく》」という寸法をもとに、基本となるモジュールが決められています（このモジュールが最初に適用されたのは、スチールユニットシェルフだそうです。わが家でも息子の部屋で大活躍！）。

　このことは整理収納アドバイザーの仕事に携わるようになり、無印良品の収納用品を色々なご家庭で使わせていただいて実感。ほとんどのご家庭の間取り、そしてお持ちの収納家具にピタッとハマります。

EPISODE 03

ものの寸法

収納用品の組み合わせを考える。

寸法（モジュール）が決められている無印良品のアイテムは
家具と収納用品という組み合わせだけでなく、収納用品同士もフィットします。

IDEA 01

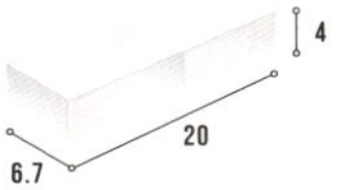

ポリプロピレン
デスク内整理トレー3

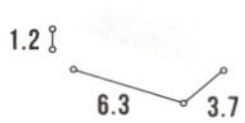

ポリプロピレン
小物ケース・SS

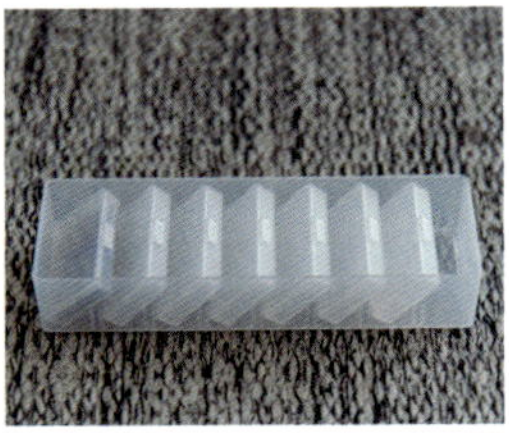

デスク内整理トレーに、もとからついている仕切り用のでっぱりを利用。ヘアピンケースを立てて並べ、メモリカード入れにしています。

IDEA 02

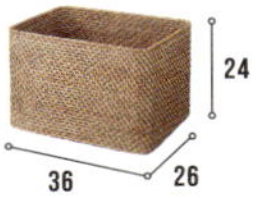

重なるラタン
長方形バスケット・大

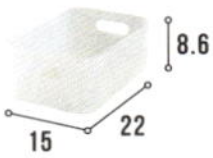

ポリプロピレン
メイクボックス
1/2（4個）

メイクボックスは重ねて収納できる便利グッズ。2段に重ねたメイクボックス2列をバスケットに入れ、おもちゃの持ち運びなどに。

IDEA 03

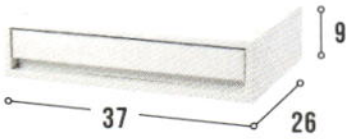

ポリプロピレンケース
引出式・横ワイド・薄型
ホワイトグレー

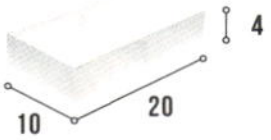

ポリプロピレン
デスク内整理トレー2（2個）

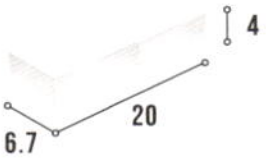

ポリプロピレン
デスク内整理トレー3（2個）

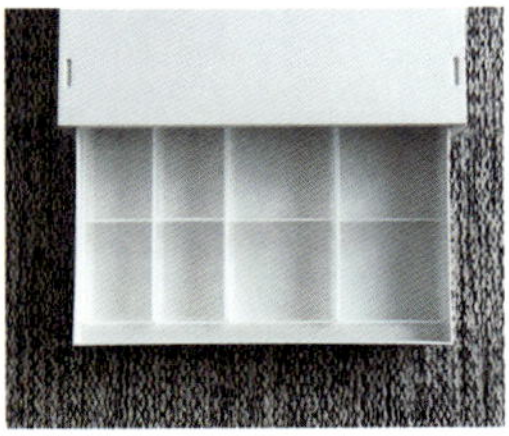

デスク内整理トレーはサイズ違いが4種類あるので、組み合わせによってどんな寸法の引き出しにもうまくハメることができます。

IDEA 04

木製 角型トレー

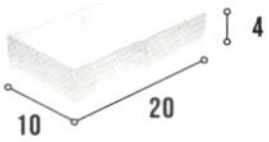

ポリプロピレン
デスク内整理トレー2（2個）

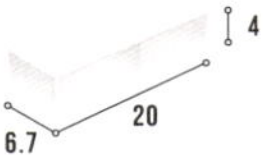

ポリプロピレン
デスク内整理トレー3（2個）

デスク内整理トレーは引き出しの中だけでなく、大きな木製トレーにも使えます。トレーにぴったりハメたら、“持ち運べる収納”の完成！

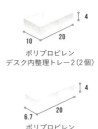

IDEA 05

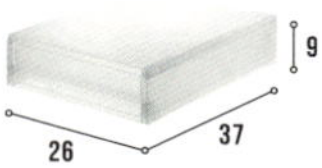

ポリプロピレンケース
引出式・薄型・縦

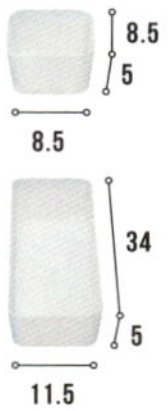

ポリプロピレン
整理ボックス1
（4個）

ポリプロピレン
整理ボックス4

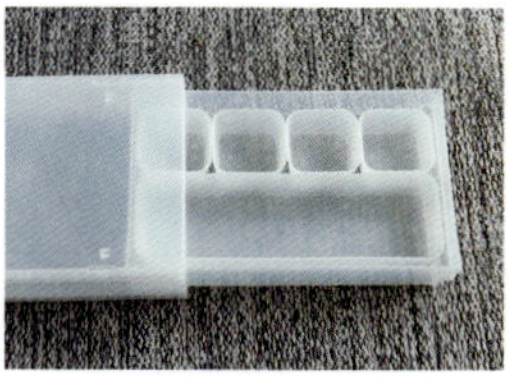

サイズ違いが4種類ある整理ボックスも、組み合わせて使用。引き出しの寸法や収納物の大きさに合わせてサイズを選びます。

IDEA 06

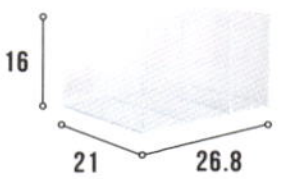

アクリル
仕切りスタンド
3仕切り

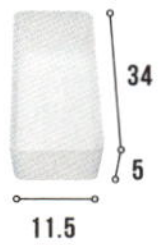

ポリプロピレン
整理ボックス4（3個）

仕切りスタンドの3つの空間を生かして分類収納できる組み合わせ。わが家でもダイニングのシェルフに取り入れています。

IDEA 07

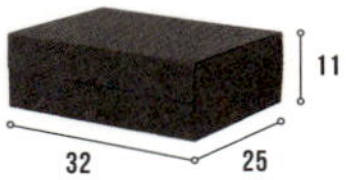

ダンボール・タテヨコ
使えるフタ付きボックス
大（2個入り）

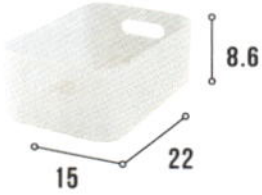

ポリプロピレン
メイクボックス
1/2（2個）

メイクボックス1/2をボックスに2個並べるとジャストフィット。子どものおもちゃをざっくり入れて、見ためはかっこいい収納に。

IDEA 08

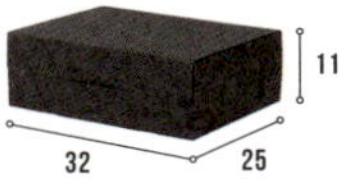

ダンボール・タテヨコ
使えるフタ付きボックス
大（2個入り）

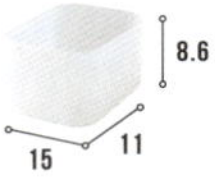

ポリプロピレン
メイクボックス・1/2横
ハーフ（4個）

メイクボックス1/2の奥行が半分（11cm）になったハーフサイズを4つ入れて。細々したものを分類して、セットで保管できます。

収納を作り上げる時、「この収納用品だけだと、いまいち使いづらいな……」という場面に遭遇します。例えば、文房具を収納する引き出しを購入しても、それだけでは中身がゴチャゴチャになってしまう。そんな時は、引き出しの中の空間を仕切るための収納用品を追加する、ということになりますよね。

　この収納用品と収納用品の組み合わせを考えて、オリジナルの収納を作り上げるという作業が私は大好きです。なんだかゲームをしているようで、とても楽しいのです。無印良品の収納用品は、50ページで紹介した通り寸法（モジュール）が決められているので、収納用品同士のフィット率も高く、相性バツグン。だからこそ、自分に合った収納作りの強い味方となってくれます。

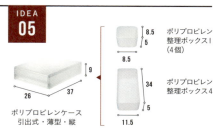

寸法を測る時、大事なのは「奥行き」。

もののサイズや収納スペースの広さを確認する時に測る、「高さ・幅・奥行き」。
そのうち、特に調整が利かない「奥行き」はしっかりと測る必要があります。

高さ

高さが足りないなと思ったら収納ケースを追加して重ねたり、収納場所の高さがない場合はハーフサイズを選ぶなど、収納用品によって調整することができます。コの字棚やつっぱり棒で、余った空間をうまく使う手も。

ポリプロピレン
ケース
引出式・薄型
縦・ホワイトグレー

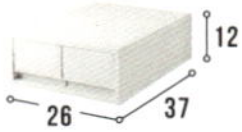

ポリプロピレン
ケース
引出式・浅型
2個（仕切付）
ホワイトグレー

収納スペースに合わせて、同じ商品でも高さ違いのものを組み合わせて使用。

幅

高さと同様、ワイドやハーフサイズなど収納用品をうまく組み合わせれば幅を工夫できます。幅を調整しつつ分類できる仕切りスタンドや仕切板もおすすめ。引いたりフタを開けたりするアクションもいりません。

スチール
仕切板・中

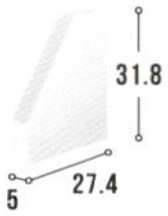

ポリプロピレン
スタンドファイル
ボックス・ハーフ

収納する本の量（幅）に合わせて仕切板を設置。左右で空間を分けられます。

奥行き

高さや幅は収納用品を足したり変えたりすることで調整できますが、奥行きだけは変えることができません。だからこそ、収納を考える時に「ものの奥行き」と「収納空間の奥行き」を意識する必要があります。

無印良品のクローゼットケース（上）は、一般的なクローゼットに合わせた奥行きになっています（55cm）。衣装ケース（下）は押し入れ用に奥行きが深くなっています（65cm）。

ものを取り出す時、「いちいち手前のものをどかして、奥のものを引っ張り出す」なんていう、面倒な思いをした経験はないでしょうか。それは、収納物と収納場所の「奥行き」が合っていないことが、原因かもしれません。私自身が新婚当初に使っていたリビングのクローゼットもそうでした。

ものというのは、それぞれ形もサイズも違います。今だからわかるのですが、形もサイズもバラバラのものを1ヶ所に収めようとすること自体、ムリな話。雑誌は収納スペースの奥行きが30cmあれば収納できますが、座布団は奥行きが80cmないと収納できません。

カンタンに言うと、新婚当時の私がやっていたのは本棚に入れるもの（雑誌）と押し入れに入れるもの（座布団）を、クローゼッ

奥行きによって収納できるものが異なる

奥行き15cm

コンパクトで
「飾る収納」もできる奥行き。

腕時計	フィギュアコレクション
懐中電灯	メモパッド
アクセサリー	筆記用具
リモコン	箱ティッシュ
携帯電話	スプレー類
CD＆DVD	鍵
置き時計	小鉢
写真立て	めがね・サングラス
住宅用消火器	文庫本
ハンディモップ	単行本（A5判）

etc.

奥行き30cm

腕を伸ばさず
出し入れできる奥行き。

食器	やかん
調理用ボウル	ドライヤー
サッカーボール	ファイルボックス
週刊誌・一般雑誌	電気ポット
平畳みのタオル	スリッパ

etc.

奥行き45cm

収納量が確保でき、
家電を置ける奥行き。

プリンター	ファックス
パソコン	バッグ
防災リュック	畳んだ衣類
炊飯器	オーブンレンジ
靴	ハンガー

etc.

奥行き60cm

腕を伸ばさないと
奥のものが取れない奥行き。

ハンガーに掛けた衣類	ボストンバッグ
スーツケース	ミシン

etc.

奥行き80cm

空間を前と後ろ、上と下で
分けて考える必要がある奥行き。

布団	座布団
クリスマスツリー	備蓄セット
季節家電	押し入れ用衣装ケース
ケース入り兜・雛人形	キャスターつき収納ラック

etc.

トに無理やりひとまとめにしていたということ。雑誌は前と後ろの2列にして収納し、座布団は使い勝手というよりも「どこに収納すればジャマにならず目立たないか」ということしか考えていませんでした。結局、奥にあるものは使わなくなり、奥行きのないものの手前は場所があくので、適当に何でも置いてしまっていました。

もし大きな収納がひとつしかなく、そこにまとめるのであれば、使用頻度の低いものは奥、高いものは手前に置くのが基本。加えて、収納するものを奥行き別に分けて考えます。サイズの大きいものは直接、棚などに置くことになりますが、重ね過ぎないように注意。小さいものは引き出しに収納するなどして、奥に入れても引き出せるようにすると管理がラクになります。

収納方法に合わせて「高さ」を選ぶ。

無印良品の収納用品は、同じ用途で使うものでも様々な高さ・幅がそろっています。
収納スペースに合わせるのはもちろん、収納の仕方によって選ぶものも変わります。

ポリプロピレンクローゼットケース・引出式

無印良品のクローゼットケースは、3種類の高さがあります（幅・奥行きはすべて同じ）。

高さ 18cm

小

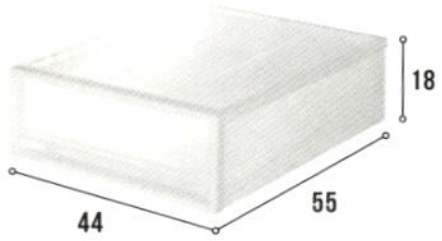

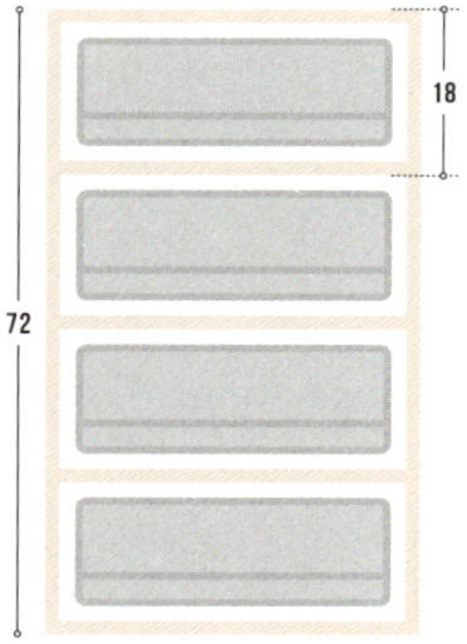

ケース4段

ボトムス・トップス・下着などアイテム別に分類して、それぞれ引き出しに収納できます。衣類は立てて入れると、高さ18cmのケースにもコンパクトに収まります。

高さ 24cm

大

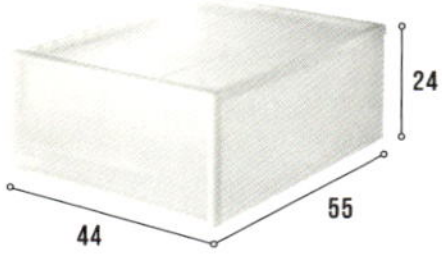

ケース3段

衣類を平畳みにして入れるのにちょうどいい高さ。高さ30cmだと重ねた場合、下の衣類が取りづらくなりますが、高さ24cmだと出し入れもスムーズ。立てる収納にも使えます。

高さ 30cm

深

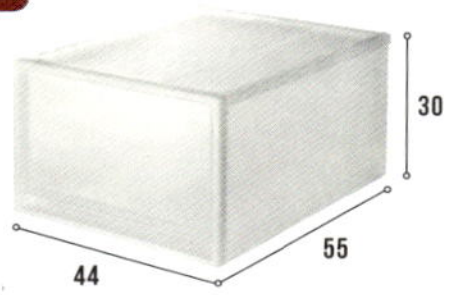

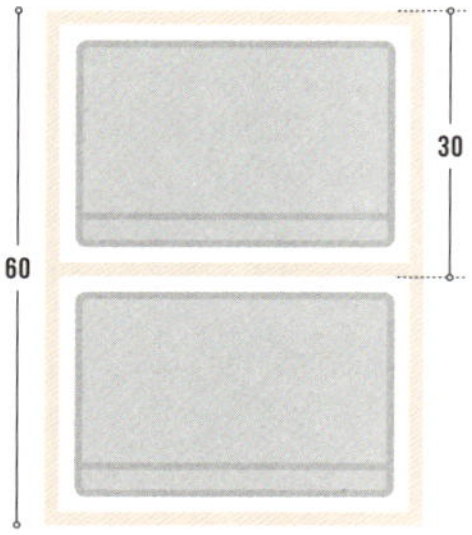

ケース2段

衣類を立てて入れるとケース内の上部にムダな空間が生まれる一方、平畳みにすると重ね過ぎてしまうので小さな衣類の収納には向いていません。厚手の衣類に向いています。

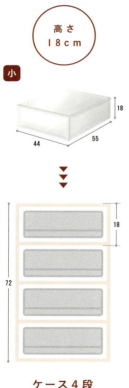

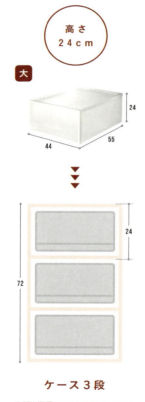

衣類の畳み方

立てる・丸める

立てる・丸めるとコンパクトになるので、高さ18cmのケースで十分。重ねないので引き出しを開けた時、中身をすべて見渡すことができます。

高さ18cm

・下着
・靴下
・薄手のシャツ
・ワイシャツ
・Tシャツ
・パンツ
・ニット
・トレーナー
・スウェット

平畳みにして重ねる

シワがつきづらく、形崩れもしにくいのでキレイに収納できます。ただし重ね過ぎるとゴチャつき、下の衣類を取り出すのが面倒になります。

高さ18cm	高さ24cm	高さ30cm
・下着	・ワイシャツ	・ニット
・靴下	・Tシャツ	・トレーナー
・薄手のシャツ	・パンツ	・スウェット

皆さんは衣類をどのように収納しているでしょうか？

大きくは、「掛ける収納」と「畳む収納」があると思います。「掛ける収納」とはハンガーに掛けて収納する方法のことですが、「畳む収納」にはいくつかの方法があります。私が実践しているのは「立てる・丸める」という方法。この方法のメリットは、何と言ってもコンパクトに収まること。わが家のウォークインクローゼットの引き出しは高さ14．5㎝ですが、「立てる・丸める」ことで上に挙げたような衣類はすべて収まっています。

シワや形崩れが気になる方には、「平畳みにして重ねる」方法がおすすめ。その場合、高さがあり過ぎるケースは出し入れしづらいので要注意。自分に合った畳み方を見つけ、その高さに合った収納用品を選んでみてください。

高さを制する者は、収納を制する。

わかりやすい収納にしたいけれど、中身が見えて雑然としてしまうのはイヤ……。
そんな方がやってしまいがちな失敗が、棚の高さにぴったりのサイズ選びです。

高さ違いによって異なる見ための印象

スタッキングシェルフ
2段・ウォールナット材
D28.5（内寸）

ファイルボックスは表側と裏側のどちらを手前にするかによって、見ための高さが変わります。来客がある時は裏側にするなど、TPOに合わせた使い方を。

収納用品の高さが違うだけで、見た目がこれだけ異なってきます。使う人の性格や使用頻度、収納する場所に合わせた収納用品選びが大切です。

高さ違いによって異なる取り出しやすさ

スタッキングシェルフ
2段・ウォールナット材（3個）**D28.5**（内寸）

A ワンタッチで組み立てられるダンボールスタンドファイルボックス A4用 5枚組
D28

B 重なるラタン長方形バスケット
D26

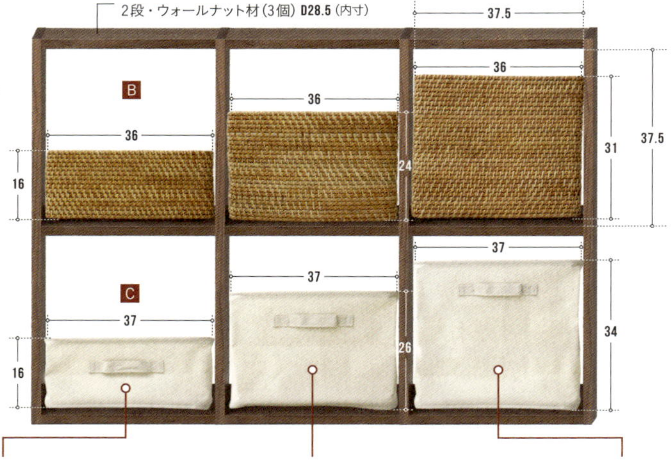

高さがないので「引く」という手間がなく、出し入れしやすい。ただし、中身が見えるので少し雑然とした印象に。

高さはあるけれど、中身も見える状態。見た目が美しく、収納するものによっては「引く」という手間もありません。

棚にぴったりの高さ。見た目は美しいけれど中身がわからず、取り出す時に引かないといけないので少し面倒。

D＝奥行き

ポリスチレン仕切板

下の写真は、わが家の寝室にあるチェストの引き出し。
ポリスチレン仕切板を使って、夫のネクタイを分類収納しています。

大

△

仕切板の高さは引き出しにぴったりですが、ものを出し入れする際は空間が狭くて窮屈です。

中

○

仕切板がちょうどいい高さで出し入れする際もスムーズ。中身もキレイに分類できています。

小

△

仕切板より収納物のほうが高いため、中身が乱れてしまい必要なものが取り出しにくい状態に……。

収納するものや収納スペースの大きさを測る時、皆さんが見落としがちなことがあります。それは、収納用品自体の高さ。「収納」とは「使っているものを出し入れしやすくする」ことを言いますが、そこに大きく関わるのが収納用品の高さです。

上の仕切板の例を見てください。高さが合っていないと、取り出す時に窮屈だったり、中身が乱れてしまったり……。これは、あくまでわが家の引き出しの場合なので、ご家庭の収納物と収納空間の大きさに合わせて、どの高さがベストなのかを決めてみてください。

見ためは気になる点ですが、使いやすさが重要。たとえ収納空間にキレイに収まっても、出し入れしづらいと、そのキレイな状態は長続きしません。

EPISODE 04 ものの配置

取り出しやすさは
ものの配置が決め手となる。

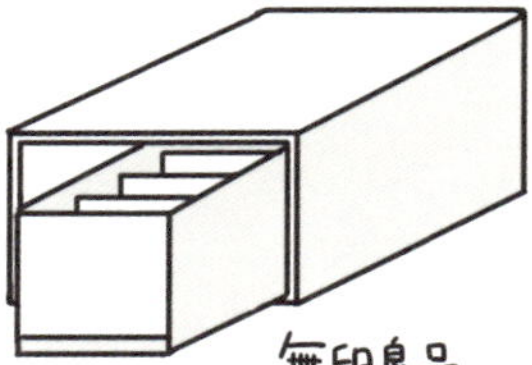

無印良品
ポリプロピレンケース
引出式(深型) 2個

新婚時代、キッチンで愛用していたのは
無印良品の仕切り板つきのケース。
とても便利なアイテムなのに
まったく使いこなせていませんでした……。

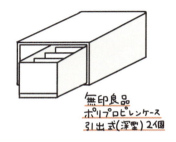

ストック用品
焼のり
仕切り
仕切り付きのケース
そう？
エヘヘ
ケースに分類して入れただけなんだけど
おっこれ、お義母さんにもらったやつだよね
一番手前に入ってた干しエビ…
ジュ
あーうん、そのうち使う…
ボソ…
もっとよく使うものを手前に入れたほうが使いやすそう
入れ替えとこっと
ピクッ
…これはなに？
あ〜
それもお母さんにもらったお茶の葉…
鎌倉のお土産…なかなか飲む機会なくて
ふ〜ん
料理に使うやつと分けたほうがいいんじゃない？
ピク
ピク
とりあえずそこに入れといて…
イラ
イラ
後でやるから！

完成！
えーと大皿は…
取るよ！
はい～
ありがと～
…これよく使ってるよね
もっと手前に置いておいたら？
ムッ
逆にこれあんまり使ってない気が…
手前にあったけど
ムムムッ
来客用のカップ
ちょっと食器棚が小さいんだよね！
プン
えっこれより大きいのは置けないよ…

立てておけるやつ買ったら？
こういうの
………
まっ食べてから考えよ～♪
運ぶね～
ボッ
……確かに……
……
ゴッ ゴッ ゴッ
とりあえずこれで代用して…
ブツブツ
あっあとコレも使える…
無印良品 メイクボックス→
あ、あとにしたら？
スイッチON
ゴッ
ゴッ
うおおおぉ
……
お～い…
うおおお
ゴッゴッ

EPISODE 04

ものの配置

収納場所に合わせて配置する。

何がどこにあればラクになるのか、体に負担なく出し入れができるのか。
ものの配置に気をつければ、日々の暮らしはぐっと快適になります。

DAILY	毎日、使うもの
WEEKLY	週に1回以上使うもの

1 使用頻度の高いものは、一番出し入れしやすい場所に配置。立った時、使う人の腰から目線の高さの場所に置くのがベストです。

MONTHLY	月に1回ほど使うもの
YEARLY	年に1回ほど使うもの

2 月に数回だけ使うもの、季節ものは❶のアイテムを取り出す時、ジャマにならないような場所に配置します。

FOREVER	使わないけれど残したいもの

3 日々の暮らしのジャマにならない場所に保管しますが、手の届かないところに置くと存在を忘れてしまうので注意。

CHILD	子どもが使うもの

4 親ではなく、子どもが一番出し入れしやすい場所に置きます。子どもの腰から目線の高さに合わせましょう。

❶の中でも特によく使うものを配置

観音開きの収納

中央から左右へ
扉を開く

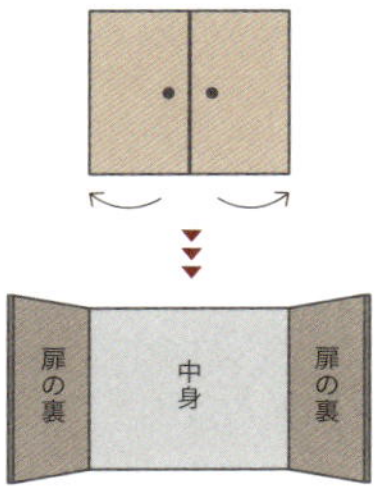

わが家の食器棚は2つとも観音開き。中央から外側に向かって、使用頻度の高い順番に配置します。子どもが自分で出し入れできるよう、お菓子は下段に。

D＝奥行き

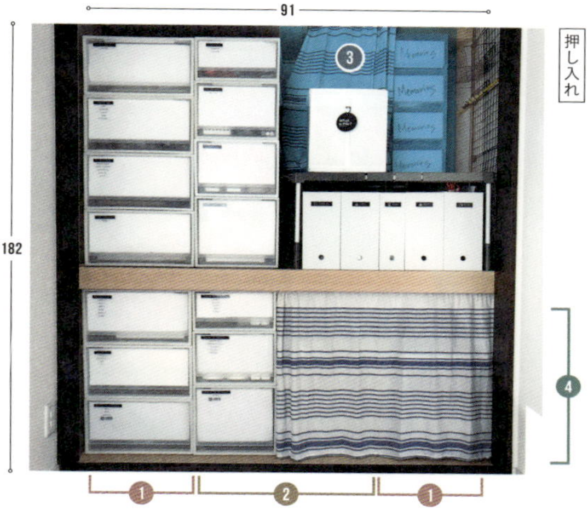

引き戸の収納

左右から中央へ戸を引く

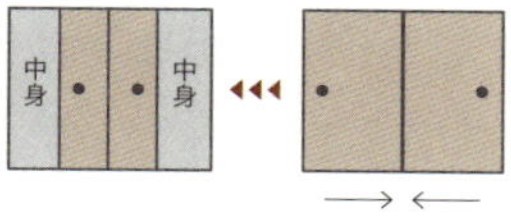

押し入れなどの引き戸は、戸を引いたらすぐ見える両サイドが一番出し入れしやすい場所。左右の戸が重なる中央や、奥のほうはデッドスペースになりやすいです。

片開きの収納

右から左に向かって扉を開く

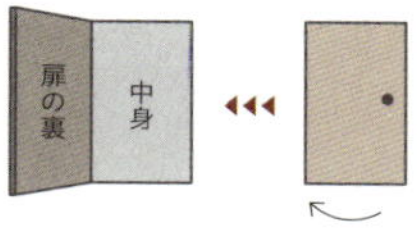

右開きは、扉を開けたらすぐ見える左側、左開きは右側に使用頻度の高いものを。中央になるほど、扉を全開しないといけないので取り出しにくくなります。

引き出しの収納

手前に向かって引き出しを引く

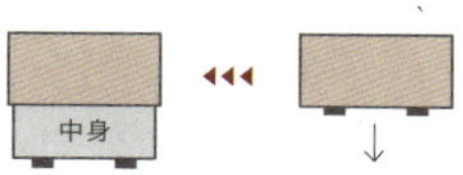

引き出しはものを見渡しやすいよう、なるべく重ねず収納するのがおすすめ。引いた時、すぐ見える手前のほうに使用頻度の高いものを置きます。

A

娘のもの ❶❷❹

遊びに行く時に持参する絆創膏、おもちゃなど細々したもの。娘の身長が伸びたので上段でもＯＫ。

B

家族共有のもの ❶❹

息子も使うので下段に。ポリスチレン仕切板は引き出しの大きさに合わせて調整できるので便利。

C

通学グッズ ❶❹

娘が自分で出し入れしやすい高さに収納。夏休み前、学校から持ち帰った物差しとリコーダーも一緒に。

D

通園・通学グッズ ❶❹

幼稚園や学校で使うハンカチ、ティッシュ、マスクなど。仕切板で引き出し内を仕分けしています。

E

文房具・アルバム ❶❹

保育園の思い出など子どもたちの写真を収めたアルバムは、ダイニングでいつでも見られる場所に。

F

娘のノート・教科書 ❶❹

仕切りスタンドに教科書やノートを立てて。右から小学校アイテム、自主学習アイテム、借りた本。

G

お絵かきの道具 ❶❷❹

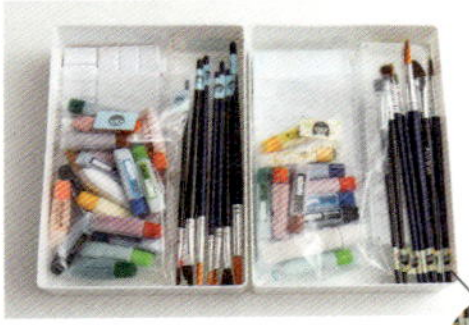

道具を取り合ってケンカにならないよう、顔プリントのラベルを貼って持ち主を明確にしています。

H

お絵かきの道具 ❶❷❹

お絵かき用の筆や絵の具、画用紙を収納しているコーナー。娘と息子のものは、それぞれ引き出しに。

I

雑貨・本 ❶❷

ダイニングで使うウェットティッシュ、ハンディモップ、本など。もしもの時に備えて懐中電灯も。

J

息子の色鉛筆・本・ノート ❶❷❹

めがね・小物ケースを本体とフタに分け、本体に長い色鉛筆、フタに短い色鉛筆を入れています。

K

カメラ・充電器／ファイル ❷

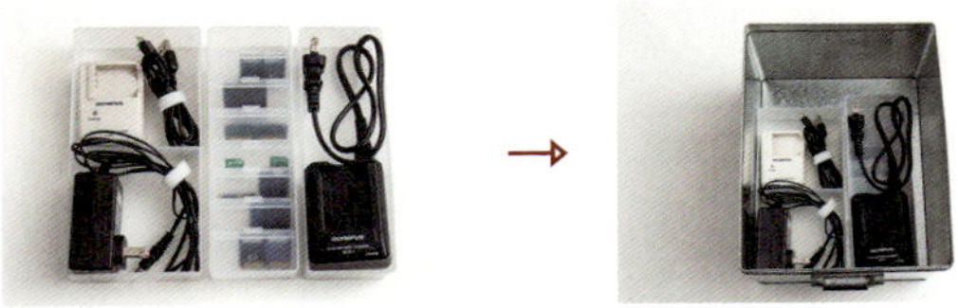

カメラ本体と充電器＆メモリーカードを、それぞれボックスへ収納。整理トレーに分類してコードが絡まらないように、メモリーカードはヘアピンケースに入れて立てて並べています。隣のファイルには、幼稚園や小学校のプリントを入れています。

A・L／ポリプロピレンデスク内整理トレー2（W10×D20×H4cm）、デスク内整理トレー3（W6.7×D20×H4cm）　B／ポリスチレン仕切板・小・5枚入り（W36×D0.2×H4cm）　D／ポリスチレン仕切板・中・5枚入り（W36×D0.2×H7cm）　E・I／スチール仕切板 中（W12×D12×H17.5cm）　F・J・O／アクリル仕切りスタンド 3仕切り（W26.8×D21×H16cm）　H／ポリプロピレンケース・引出式・横ワイド・薄型（W37×D26×H9cm）、浅型（W37×D26×H12cm）

スタッキングシェルフ・3段・ウォールナット材(4個)

N

封筒・便箋 ①②④

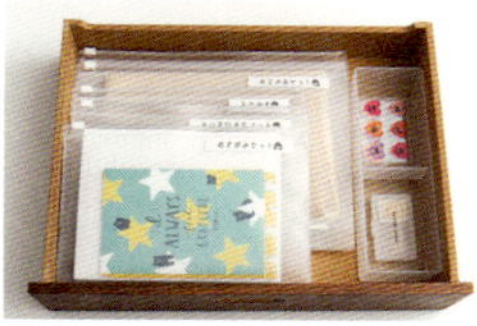

透けて中が見えるケースに、ハガキや便箋を種類ごとに入れています。一緒に使う切手やシールもここに。

M

仕事関連のもの ①

ダイニングで打ち合わせする際などに使う、必要最低限の仕事アイテムを整理トレーに分類収納。

L

書類 ①

上段は宅配メニューや市のお便り、下段は母子手帳やお薬手帳など。インデックスをつけています。

Q

バッグ・帽子 ①②④

シェルフの側面にフックを取りつけて、子どもたちのエコバッグやお習字バッグ、帽子を引っ掛け収納。

P

仕事関連のもの ①

打ち合わせ時に必要な書籍は引き出しを開けた時、タイトルが見えるように立てて並べています。

O

充電器／息子の通園バッグ ①②④

アクリル仕切りスタンドに整理ボックスを挟み、充電器やタブレットを分類してゴチャつき防止。

I／LED懐中電灯・小(単3乾電池対応)、マイクロファイバーミニハンディモップ伸縮タイプ(長さ約34〜78cm)　E・J／ポリプロピレンめがね・小物ケース スタンド式・大(縦4.4×横7×高さ16cm)　K・N／ポリプロピレンヘアピンケース(縦3.7×横6.3×厚さ1.2cm)　L／ポリプロピレンペンケース(横型) 小(W17×D5.1×H2cm)　N／EVAケース・ファスナー付 B6、A5、ポリプロピレンデスク内整理トレー3(W6.7×D20×H4cm)　O／ポリプロピレン整理ボックス2(W8.5×D25.5×H5cm)

シェルフ・棚／スチールユニットシェルフ・追加用帆立・特大・グレー（高さ212.5cmタイプ用）、スチールユニットシェルフ・スチールクロスバー・大・グレー（幅84cmタイプ用）、スチールユニットシェルフ用つっぱりパーツ・大・グレー（2本セット）、スチールユニットシェルフ・スチール追加棚・グレー（幅84cmタイプ用）、スチールユニットシェルフ・サイドパネル・大・ライトグレー（大・棚間3段対応）、スチールユニットシェルフ用帆立補強パーツ・グレー（幅84cmタイプ用）

A

文房具 ①

よく使う文房具はすぐ取れる場所に。パネルにマグネットバーをつけてポケットを引っ掛けました。

B

ティッシュ・ゴミ箱 ①

デスク上のジャマにならない場所（パソコンの奥）に設置。手を伸ばせば届く範囲だと便利です。

C

めがね・髪どめ ①

めがね・小物ケースを本体とフタに分け、フタはめがね拭き入れに。髪どめはフックに引っ掛け収納。

D

電卓・メモ帳 ①

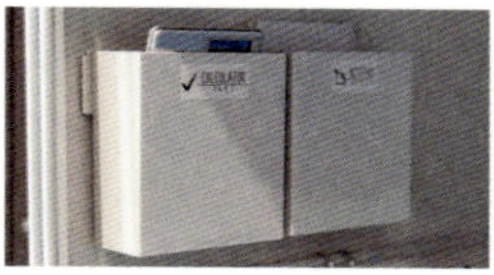

机の上に置くとジャマなので壁面を利用し、電卓とメモ帳をそれぞれポケットに入れています。

E

ストック類 ②

チャックつき袋、ラベルシール、写真用紙、印刷用紙などのストック類をそれぞれ引き出しに。

F

書類 ①②③

仕事の書類をファイルボックスへ。よく使うものは座りながら出し入れできる高さに配置。

G

腕時計 ①

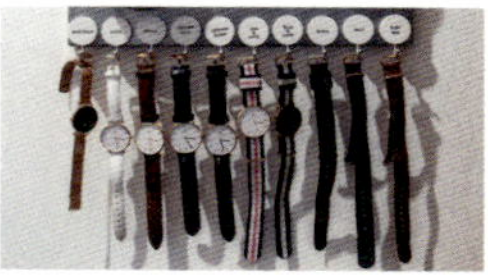

マグネットのフックに腕時計を掛けて、見せる収納に。ラベリングして定位置を決めています。

H

本・掃除グッズ ②

重たい本は下のファイルボックスに。上のデッドスペースを生かしてフローリングモップを収納。

I

文房具 ①②

整理トレーを組み合わせて細かなストックを分類。パッケージから出すとコンパクトに収まります。

J

カードなど ①②

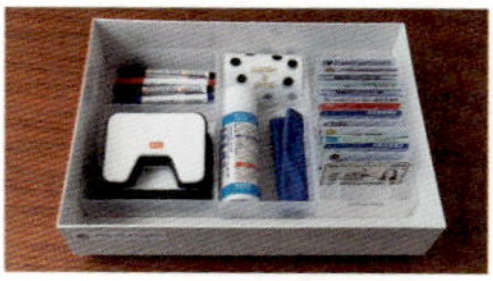

証明証などのカードは重ねずスタンド収納。ポリスチレン仕切板を設置し、カードを立てています。

K

ストック類 ①

下の引き出しには、封筒やクリアファイルなど仕事で使うもの、日用雑貨のストックを保管。

A／マグネットバー（W19×D0.4×H3cm）、ポリプロピレンファイルボックス用・ペンポケット（W4×D4×H10cm）、ポリプロピレンファイルボックス用・仕切付ポケット（W9×D4×H5cm）、マイクロファイバーミニハンディモップ（長さ33cm）　B／ポリプロピレンごみ箱・角型・ミニ（約0.9L）（W7×D13.5×H14cm）、アクリル卓上用ティシューボックス（W14×D11.5×H7cm）　C／ポリプロピレンめがね・小物ケース・スタンド式・大（縦4.4×横7×高さ16cm）、ステンレスひっかけるワイヤークリップ・4個入（W2×D5.5×H9.5cm）、ABSマグネット付クリップ（直径約4cm）　D／ポリプロピレンファイルボックス用・ポケット（W9×D4×H10cm）　E／ポリプロピレンケース・引出式・薄型・縦・ホワイトグレー（W26×D37×H9cm）　F／パルプボードボックス・スリム・5段・ベージュ（W25×D29×H180cm）、ポリプロピレンスタンドファイルボックス・ハーフ（W5×D27.4×H31.8cm）、再生紙2穴ファイル・50mm・パイプ式・A4・金具幅50mm・ダークグレー、ポリプロピレンスタンドファイルボックス・A4用・ホワイトグレー（W10×D27.6×H31.8cm）　G／アルミフック・マグネットタイプ・小・3個入（W3.5×H5cm）　H／ポリプロピレンファイルボックス・スタンダードタイプ・A4用・ホワイトグレー（W10×D32×H24cm）、ポリプロピレンファイルボックス・スタンダードタイプ・ホワイトグレー・1/2（W10×D32×H12cm）、掃除用品システム・フローリングモップ（W25×D10×H16.5cm）※ポールを装着して使用、掃除用品システム・フローリングモップ用モップ／ドライ（W29×D16×厚さ2.5cm）　I／ポリプロピレンケース・引出式・横ワイド・薄型・ホワイトグレー（W37×D26×H9cm）　J／ポリプロピレンケース・引出式・横ワイド・浅型・ホワイトグレー（W37×D26×H12cm）

無印良品のケア用品と、私。

わが家の洗面所に集まっている無印良品のケア用品たち。
シンプルなデザインなので、並べてもすっきりしています。

歯みがき
120g

カラフルな色・デザインの歯磨き粉が多い中、無印良品のものはとってもシンプル。出しっぱなしにして見せたくなる歯磨き粉です。

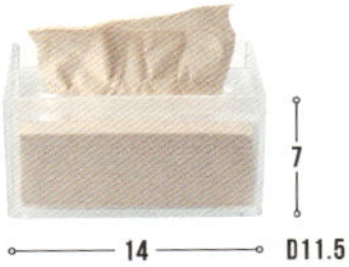

アクリル卓上用
ティシューボックス
ティシュー入

コンパクトなので、家中の至る所に置いています。「ティッシュって、別に大きくなくても便利だよね」と気づかせてくれた商品。

ウェットティシュー
80枚入

厚手で使いやすい上、シンプルなデザインのパッケージも魅力。ケースに入れず、部屋に出しっぱなしにしても悪目立ちしません。

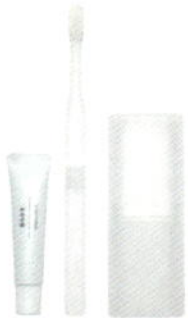

携帯用歯みがきセット

折りたたみの歯ブラシと、歯磨き粉のセット（ケース入り）。コンパクトなので、仕事で外出する時はポーチの中に常備しています。

A　B　C　D　E

A. オイルクレンジング 敏感肌用 200ml

B. 敏感肌用 薬用美白化粧水 200ml

C. 敏感肌用 薬用美白乳液 150ml

D. 敏感肌用 薬用美白美容液 50ml

E. 保湿クリーム・敏感肌用 50g

アトピー肌の私は、化粧品が合わないとすぐに肌が真っ赤になってしまいます。色々な商品を試したのですが、なかなか合わずに落ち込んでいた時、見つけたのが無印良品の敏感肌シリーズ。トラブルもなく、もう何年も愛用中。リピートしやすい価格も魅力です。

CHAPTER 03

育児・引っ越し

無印良品って、すごい。

EPISODE 05 収納用品の選び方

収納用品の特徴を知れば買い物に失敗しない。

結婚して1年目、私たち夫婦は
大きな節目を迎えました。
赤ちゃんができたのです！

家を建てた時、
子ども部屋を用意していたのですが
妊娠を機に赤ちゃんのお世話を
するための部屋として
利用できるよう本格的に準備を始めました。

初めての出産で、
ワクワク&ドキドキだった私。

ベビーベッドやベビー用肌着・衣類、
哺乳瓶、おむつ、エトセトラ。
「これは必要」「あれば便利」と
育児書に書いてあるものは、
とりあえずぜんぶ買いました。
（結局、使わなかったものもたくさん）

収納用品は、おむつやおしり拭き、
ケア用品を入れるためのケースを
無印良品で買いました。

前回の話でキッチンの食器棚に
入れていたものと同じ、
ポリプロピレンケース・
引出式（深型）です。

……と、ここまで読んでいただいて
そろそろお気づきの方も
いらっしゃるかもしれません。

今まで、私が買った収納ケースは
すべて「ポリプロピレン」の素材のもの。
ポリプロピレンと言えば、
「水に濡れても平気」
「中が透けて見える」
などのメリットがありますが、
当時の私は

という感じの残念な認識で
購入していました……。

よし！
準備
ばっちり！
2階 子ども部屋
おぉ〜
じゃ〜ん
買ったベビーベッドもいいね♪
うん！収納場所もあって便利なんだ
ん？
このケースは…
見覚えが…
食器棚に入れてるのと同じ無印のケースだよ
半透明だから中が透けて見えて便利なの
使ってて気づいんたんだけど
無印良品
ポリプロピレンケース
引出式（深型）
さぁ何が入っているでしょう♪
…おしり拭き？
ピンポ〜ン♪

よっと
で、オムツを替えるときは～
オムツはここで
からのケアセット
ガーゼ
保湿クリーム
そしておしり拭き
手・口拭きもここ
からの～
カワイイ～
お洋服!
びしっ
おおっ
超スムーズじゃん♪
すごい!!
えへへ このケースのおかげだけどね～
赤ちゃんのお世話に必要なものは
カンペキ
ぜ～んぶこの部屋にまとめたんだ
そうすれば他の部屋は散らからないでしょ♪
お～
パチ
パチ
あ～会えるのが楽しみだな～
あと少しだね!

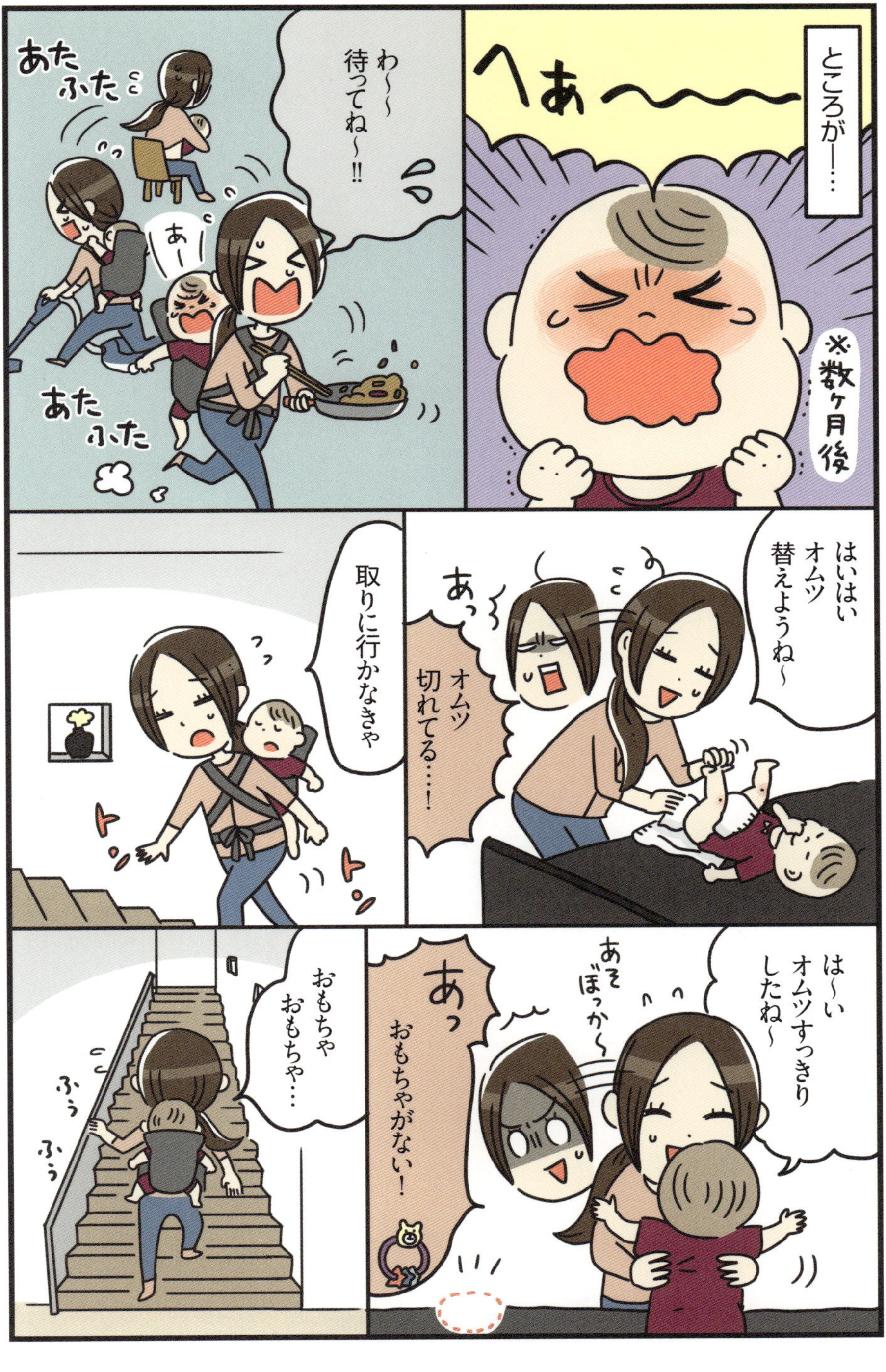
ところが―…
へあ〜〜〜
※数ヶ月後
わ〜〜
待っててね〜!!
あ〜
あたふた
あたふた
はいはい
オムツ
替えようね〜
あっ
オムツ
切れてる…！
取りに行かなきゃ
は〜い
オムツすっきり
したね〜
あそぼっか〜
あっ
おもちゃがない！
おもちゃ
おもちゃ
おもちゃ…
ふぅ
ふぅ

ふ〜…
それにしても…
キャッ
キャッ
こ…
ごちゃ ごちゃ〜
うわ〜ん
こんなはずじゃ〜
物置と化した子ども部屋
全然使っていないベビーベッド
…本当はリビングに子どものものは置きたくなかったけどしかたない…
ゆらり…
むんず
ガシィ
もうこれごとリビングに持っていっちゃえ！
行き来するの疲れた!!
ベビーマット
お世話セット
せっかく買ったベビーベッド…
ううっ
…
ウフフ
アハハ
ガラ
ガラ
ダッ
そして
じゃーーん
リビングの1角
よし！

ケースは…
横に並べるとジャマだよね
通り道にはみ出ちゃう
重ねてみようかな
クローゼットでやってるみたいに
おおっスッキリした
ただいま〜
おっ移動したの？
うん、ちょっと行き来がタイヘンで…
リビング占領しちゃうけど…
ううん！そんなに気にならないよ！
ケースがシンプルだからかな？
スッキリ
…確かに！
無印って、なんかすごいかも…！
重ねられる
使いやすい
どこに置いても違和感なし

収納用品を購入する前に考えること。

「早く片づけたい」という気持ちが先行して、焦って収納用品を買ってしまう人も多いはず。
ですが、空間作りを楽しむためにも焦らず整理収納してほしいと思います。

整理収納の進め方

子どものお世話に必要なもの	家族共有で使うもの	子どものもの
Ex. オムツ、おしり拭き	Ex. 文房具など	Ex. おもちゃ

01 整理収納する場所を決める

家の中のどの場所を整理収納するのか決めます。「使う場所」と「収納する場所」は近いほうが、散らかりづらくなります。

リビング

ダイニング

子ども部屋

02 誰のための収納か、明確にする

誰が使うものかを明確にします。オムツなどのお世話グッズの収納はお世話をする人が一番、使いやすい場所や方法を選びます。

お世話をする人

家族みんな

子ども

03 整理する

いるもの・いらないものを仕分け、いらないものを手放します。この時、実際に使う人の気持ちを優先して選別しましょう。

子どものお世話に必要なもの	家族共有で使うもの	子どものもの
ストック類は切らしたくない…	家族みんなが使いやすいものがいいよね	これは遊ぶ！これはいらない！

04
ものの量とサイズを把握する

収納するものを種類別に分けてから、それぞれの量とサイズを確認すると効率よくできます。

05
空間サイズを測る

収納する場所のサイズを測ります。出し入れする時に必要な動作寸法も忘れずに(96ページ参照)。

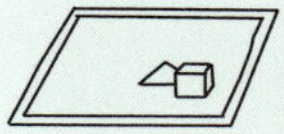
キッズスペースの広さ

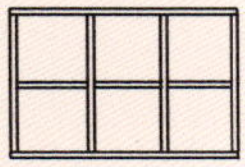
棚のサイズ

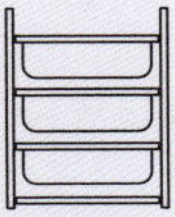
引き出しのサイズ

06
収納方法を考える

使う人が出し入れしやすい方法を。立てるor掛けるor重ねる? ざっくりor細かく分類?

ケースを重ねて収納

分類してわかりやすく収納

ざっくり入れるだけの収納

07
収納方法に合う収納用品を選ぶ

使う人や空間に合った素材やタイプの収納用品を選びます。フタ付き? 中身が見えるもの?

中が透けて見えるもの

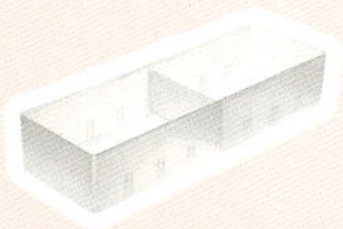
仕切って分類できるもの

安全な素材で持ち運びしやすい

整理をして不要なものを取り除くと、部屋の中が片づくだけではなく、心の中までスッキリと晴れやかな気持ちになります。そして、ものや自分自身としっかり向き合った後には、理想の空間作りにダイレクトにつながる「アイテム選び」が待っています。

私は無印良品のカタログをそばに置きながら整理収納をすることが多いです。「こんな部屋にしたいな」「この収納用品を使いたいな」……。カタログを見ながらそんなことを考えると、自然と前向きに取り組むことができます。皆さんもぜひ、理想の空間をイメージしながらワクワクした気持ちで、ご自身に合ったペースで整理収納を進めてみてください。ゆっくりだって大丈夫。歩いても、走っても、たどり着くゴールは同じです。

EPISODE 05

収納用品の選び方

収納方法を考える。

収納用品を選ぶ時に、使う人や場所に合った収納方法を考える必要があります。どんな状態で収納されていればラクか、色々試してベストを選びましょう。

☞ 193ページの分類表もCHECK！

HANG
掛ける

サッと手に取りたいものは、扉や壁にフックをつけて「引っ掛け収納」するのがおすすめ。使う人が取りやすい高さに設置を。

ステンレス
横ブレしにくい
S字フック

アルミフック
マグネット
タイプ

SCREEN
空間を区切る

主な収納方法は「重ねる・立てる・掛ける」の3つですが、同時に押し入れや引き出しなどの空間をうまく区切ることも大切です。

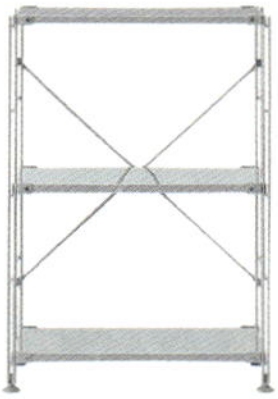

スチールユニットシェルフ
スチール棚セット

アクリル
仕切棚

コンパクトにする

パッケージに入っているものは出して小さな袋に入れ替えるなど、まずは収納するもの自体がコンパクトになるよう工夫します。

STAND
立てる

文房具やカトラリーなど細々したものは、重なって探しにくいことがないよう「立てる収納」を。フライパンや衣類も立てると管理がラク。

アクリル
ポット

MDF
ペンスタンド

PILE UP
重ねる

横並びは難しいけれど、縦のスペースが使える場合は「重ねる収納」が効果的。重ねられるもの、フタつきのものを活用しましょう。

ポリプロピレン
ケース
引出式・浅型

ダンボール・引出式・深型

「整理収納の正解は、それを使う本人しかわからない」と、私はよく皆さんにお伝えします。なぜならば、ものの価値は人それぞれ、どんな状態だと出し入れしやすいかも人それぞれだからです。

「自分に合った収納」を考える時は、まずそのもの自体が今よりコンパクトにならないかを考えてみましょう。コンパクトにすることで、空間の有効活用はもちろん、収納方法の選択肢を増やし、使う時の出し入れのしやすさにもつながります。

特に、家電の多くは梱包材が入った状態でパッケージされているので、箱自体が本体よりもかなり大きくなっています。「箱に入っていたから、なんとなくそのまま収納している」という場合は、ぜひ箱を思い切って手放してしまいましょう。

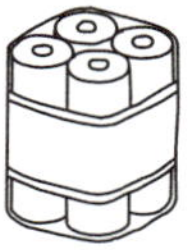

トイレットペーパー

COMPACT!

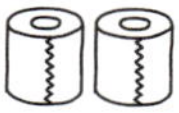

トイレの収納場所にストックを袋ごと保管するスペースがないので、袋から出して1階と2階のトイレにそれぞれ分けて収納しています。

絆創膏

COMPACT!

EVAクリアケース

箱から出してEVAケースに入れ替え。目薬や消毒薬など同じ収納場所に入れるものもEVAケースに入れてそろえると、収納空間が最小限に収まります。

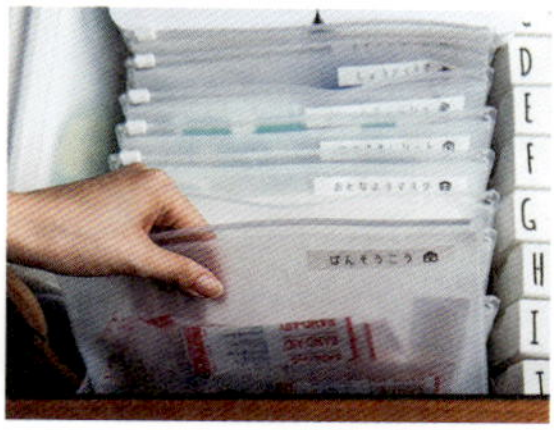

カードゲーム

COMPACT!

小分け袋
アソートタイプ
4サイズ・計11枚入

箱から出して袋に入れ替えます。片づける時、子どもにとってカードをそろえて箱にしまうより、袋にバサッと入れるほうが断然ラクです。

家電に限らず、箱を残している理由が「必要な情報が箱に書かれているから」「賞味期限がわからなくなるから」という場合は、ラベリングがおすすめ。ラベリングというひと手間を加えることで、「スペース」という大きな報酬を手に入れることができます。

　コンパクトにできたら、後は「重ねる」「立てる」「掛ける」の収納方法のうち、使う本人にとってどれが一番、出し入れしやすいかを考えるだけです。

ケースを横に並べると通り道のジャマになるので、重ねて使っていました。一人暮らし時代の押し入れや、結婚した時の新居のクローゼットでも、ケースは重ねて使っていました。

EPISODE 05

収納用品の選び方

素材を考える。

シンク下の収納は湿気が多いので、ダンボール製の収納用品は向いていません。
このように、場所や使う人によって素材の向き・不向きがあります。

☞ 197ページの分類表もCHECK！

汎用

ポリプロピレン

> 198ページ参照

丈夫

ステンレス

> 203ページ参照

丈夫

トタン

> 203ページ参照

天然

タモ材

軽い

ダンボール

> 204ページ参照

丈夫

アクリル

> 202ページ参照

軽い

ポリエステル綿麻混

> 204ページ参照

軽い

ABS樹脂

天然

ラタン材

> 203ページ参照

天然

ブリ材

> 203ページ参照

軽い

不織布仕切ケース

> 203ページ参照

水に強い

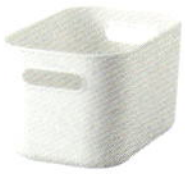

ポリエチレン

私自身、整理収納を学ぶまでは「自分の好み」や「見ため」だけで収納用品を選んでいる部分がありました。ですが、「素材」も忘れてはいけない大事なポイントです。

収納用品の素材は、「使う人」と「収納する空間」との相性がいいものを選ぶこと。無印良品には、ポリプロピレンやアクリル、ダンボールなど様々な素材がそろっています。それぞれの特徴を知り、使う人と空間に合うものを選んで初めて、長く愛用することができるのです。

私がお世話セットに使っていたケースはポリプロピレンのもの。軽くて持ち運びがしやすく、部屋の中を移動するのもラクなので重宝していました。

EPISODE 05

収納用品の選び方

タイプを考える。

ものを取り出す際、「フタを開ける」「引き出しを引く」などのアクションが少なく
中身が見えるタイプの収納用品ほど、ラクに出し入れできます。

☞ 205ページの分類表もCHECK！

中身が見える アクションなし

ポリプロピレン
メイクボックス・1/2

向いている人

見た目よりも
使い勝手を優先したい人

とにかくラクな
収納にしたい人

ご高齢の方・子ども

向いている収納物

存在を忘れたくないもの

すぐ手に取りたいもの

あえて見せたいもの

中身が見える アクションあり

アクリル小物収納・3段

向いている人

見た目よりも
ものを見える化したい人

向いている収納物

存在を忘れたくないもの

ホコリかぶりを
避けたいもの

長期保管したいもの

あえて見せたいもの

中身が見えない アクションなし

重なるラタン
長方形バスケット・大

向いている人

見た目重視だけど
ラクな収納にしたい人

向いている収納物

すぐ手に取りたいもの

隠したいもの

中身が見えない アクションあり

ポリエステル綿麻混
ソフトボックス・フタ式・L

向いている人

見た目重視で
中身を見せず、
スッキリさせたい人

向いている収納物

ホコリかぶりを
避けたいもの

長期保管したいもの

隠したいもの

お世話セット用のポリプロピレンケースは、半透明で中身が見えるタイプ。中が見え過ぎると煩雑になりますが、うっすら見える程度なのでリビングに置いても悪目立ちしませんでした。

「誰のための収納か」「何を収納するのか」が明確になっていれば、どのタイプの収納用品を選ぶべきかが見えてきます。

特に、「誰のための収納か」を考えることは大事。例えば、幼い子どもはフタがあるだけで「面倒くさい」と感じる場合があります。ご高齢の方は中身が見えないというだけで、その収納を使いこなせない場合も。〝維持できる収納〟を作るには、使う人に合ったタイプを選ぶ必要があるのです。

EPISODE 06 整理・中級編

ものが溜まらない しくみを作る。

暮らしていると、ものがどんどん増えます。
私が一番、苦労したのが子どもの服。
どれもこれも思い入れのあるものばかりで、
手放すことなんてできませんでした……。

…少し整理しようと思ったけど…
こんもり
やっぱり捨てられない〜〜!!
全部思い出が詰まってるの〜〜!!
イヤ
イヤ
おそろ〜い♥
ま、次の子に着せればいいよね！
とりあえず全部残しておこ〜♪
収納ケース買い足さなきゃ〜
無印良品ポリプロピレンケース引出式（深型）
ぎゅう
ぎゅう
ところが…
買い足したケース
今着ている洋服が入らない…
ど———ん
また買い足す…？
でもな〜…
ケースをしまう場所がない…
う——ん..
トトト…

コケッ
あっ
うわ〜ん
全部残さなくていいんじゃない?
うわ〜ん
片づいてなくてごめんよ〜
ガーン
グサ
だってだって…全部思い出なんだよ…
なんでそんなこと言うの〜〜!
うわ〜ん
わー
えっ
数分後
…とりあえず、クローゼットに入るぶんだけにしようよ
なだめられた
うん
一緒に選別しよう
これ穴が開いてるから捨てようか
これは毛玉だらけだけどどうしても残したい!

数十分後
ホラ！けっこう手放せたよ
フ〜
本当はぜんぶ残したいけど…
ぐすん
あ、これとこれの組み合わせ…
女子高生みたいじゃない？
デン
プッ
ホントだ〜
レッグウォーマー
アハ女子高生か〜
………
思い出はどんどん増えるし
本当に残したいものを厳選しないとね…
そうだね！
よ〜し！片付いたし公園行こ〜♪
いいね!!
スッキリ

整理・中級編

ものの一時避難場所を作る。

整理をしていると、どうしても手放すかどうか迷うものが出てきます。
迷って仕分けに時間がかかると、「整理収納ってやっぱり面倒くさい」と感じるように……。

整理する

いるもの

今、使っているもの
過去や未来ではなく「今、使っているか」と自分に問いかけ、現在を基準にします。

→ **出し入れしやすい場所に保管する**
毎日使うものなど使用頻度が高い場合は収納スペースの中で一番、出し入れしやすい場所に保管します。

必ず使うもの
ストック類など、今は使っていないけれど「必ず使う」と言い切れるもの。

思い出が詰まっている
大切な思い出が詰まっているもの、思い入れのあるものは手放さなくてOK。

→ **目につく場所に保管する**
よく使うものの出し入れのジャマにならない場所へ保管します。ただし、見えない所に置くと存在自体を忘れてしまうので、必ず目につく所に置きましょう。

いらないもの

今もこの先も使わないもの
なんとなく残してあるもの、最後に使ったのがいつかわからないものなど。

思い入れのないもの
思い入れがないのに残っているものは、今のあなたに必要ありません。

→ **手放す**
不要なものは手放します。捨てるのがニガテという人は、リサイクルショップやチャリティに出したり、必要な人に譲ったりするのも手段のひとつ。

迷うもの

今、使っていないけれど手放す決断ができないもの、あれば便利だけど、うまく使いこなせていないものなど。

一時避難場所へ保管する
迷う場合はムリに手放さなくて大丈夫。一時的に紙袋や箱にまとめて、よく目にする場所に保管しましょう。

→ **期限を決めて見直す**
ズルズルと保留のままにならないよう、保管期限を決めること。紙袋や箱に期限を明記すると、忘れることもありません。

手放すかどうか迷ってしまった時は、ぜひ「ものの一時避難場所」を作ってみてください。「今、使っていないし、思い入れもない。でも、今すぐに『いらない』とは判断できない」というものを、一時的に紙袋や箱に避難させます。

私自身、ものを手放すのがとてもニガテなのですが、ものの逃げ場所を作ることで整理収納の作業をスムーズに進めることができます。子どもたちも、ものを整理して見直す時、「捨てなきゃいけないワケじゃない、残しておいていいんだ」という安心感につながっているようです。

この一時避難場所には、大切なルールがあります。それは「避難場所をいくつも作り過ぎない」こと、「いつも目につく場所に置き、期限を決めて必ず見直す」ことです。

整理収納の実例

衣類（おさがり）

「2人目がほしい」と思っていた私が一番、整理収納に頭を悩ませたのが衣類です。当時の私は「ケースに入るぶんだけ」と決めて、状態の良い衣類をまとめていました。ですが、分類して残しておいたほうが、いざ使う時に探す手間がいりません。

子どもの衣類

- **いるもの**　状態の良いもの、思い入れのあるもの。
  - **サイズで分ける**
    - 90cm
    - 100cm
  - **アイテムで分ける**
    - 春夏用
      - トップス
      - ボトムス
      - 肌着
      - はおりもの
    - 靴下
    - 秋冬用
      - トップス
      - ボトムス
      - 肌着
      - ジャケット
- **いらないもの**　状態の悪いもの、思い入れのないもの。

サイズ別またはアイテム別のどちらかで分けると、使う時に探さず済むのでラクです。

引き出しに収納する

シーズン＆アイテム別またはサイズ別にケースに保管する場合は、仕切りをうまく使って分類を。不織布仕切ケースは、入れるものに合わせて高さが変えられるので便利。

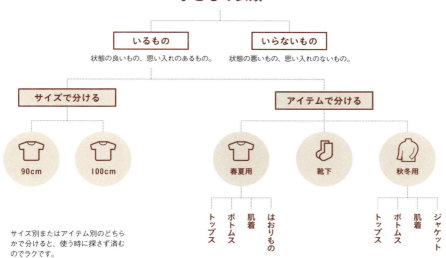

上／ポリプロピレン
クローゼットケース
引出式・小

下／高さが変えられる
不織布仕切ケース
中・2枚入り

ボックスに収納する

一時避難場所と同様（88ページ参照）、他のものの出し入れのジャマにならない所に保管します。ホコリかぶりを防いでくれるフタつきのボックスがおすすめ。

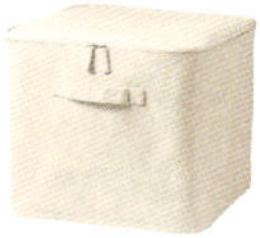

ポリエステル綿麻混
ソフトボックス
フタ式・L

自分が溜めやすいものを把握する。

手放せないものがある一方、いつの間にか溜まっているというものがあります。
これらは、「使われずにずっと放置されるもの＝不要なもの」になりがちです。

いつの間にか増えがちなもの

- お金をかけて手に入れたもの
  - 衣類・靴
  - ブランドもの
  - アクセサリー
- 無料で手に入れたもの
  - 紙袋
  - レジ袋
  - 景品
  - 粗品
  - チラシ
- 人の想いが宿っているもの
  - 引き出もの
  - プレゼント
  - おみやげ
- 趣味のもの
  - 食器
  - 本・雑誌
- 使うと思って手を出したもの
  - 便利グッズ
  - コスメ・ヘアケア用品
  - 文房具

粗品やレジ袋、おみやげ……気がつけば溜まって、収納スペースがあふれているということはないでしょうか。実は、この「溜まりやすいもの」も細かく分類することができます。

まずは自分がどんなものを溜めがちなのか、その傾向を知ることが大切。溜めてしまいがちなものは、見直し・整理する機会を多く作るようにします。

「持っていることで手間が増えている」「ジャマに感じている」というものは、あなたにとって不要なもの。ものを残す・ものを置くスペースを維持することにも、費用はかかっているのです。ものは使われずに放置されるのが、一番もったいないことだと心得たいものです。不要なものを手放したぶん、居住スペースは増え、大好きなものだけに囲まれた理想の暮らしに近づきます。

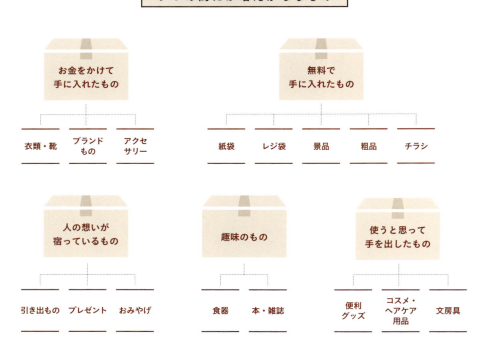

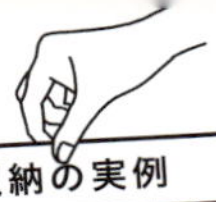

整理収納の実例

紙類

整理や管理に困るものの第1位は、プリントや領収証などの紙類だと思います。
紙類は書いてある内容に目を通さないと、手放すかどうかの判断がつきません。
溜め込むほど整理に時間と労力がかかるため、溜まらないしくみ作りが必要です。

紙類

ハガキサイズ

EVAケース
ファスナー付・B6

お便りやカードなどハガキサイズの紙類は、種類別にジップケースに分けて保管。中身が透けて見えるEVAケースがおすすめです。

A4サイズ

家庭で増えがちなA4サイズの紙類はたくさん。分類する前に、残す必要のないチラシや情報が古くなったものは手放します。

学校のプリント

期限が切れたお知らせ、一度読めば済むプリントは手放しましょう。後は子ども用・大人用に分類します。

取扱い説明書　保証書

取扱い説明書はリビング、キッチンなど場所別に分類。2穴リングファイルにまとめると閲覧しやすいのでおすすめ。保証書もクリアポケットに入れて一緒にファイリング。

左／ポリプロピレンファイル
(リング式)A4サイズ用
2穴・30mm

右／リフィールクリアポケット
A4・30穴・15枚入

重要な書類

パスワードが書かれたものなど重要な書類は、分類して大きめのファイルボックスにまとめて保管。

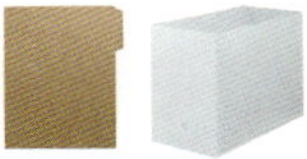

左／再生紙ペーパーホルダー
A4サイズ用・5枚入

右／ポリプロピレンファイルボックス
スタンダードタイプ
ワイド・A4用

チラシ

残したい出前メニューのチラシやクーポンは、ファイルボックスにひとまとめ。ハーフサイズだと溜め込み防止になります。最新版が届いたら入れ替えるように。

ポリプロピレンスタンド
ファイルボックス
ハーフ

子ども用

授業のプリントやテスト用紙は、細かく分けると管理がタイヘン。持ち帰った順番に2穴ファイルにまとめ、子どもがいらないと判断したものはビリッとやぶって取り除けばOK。

再生紙2穴ファイル
50mm
パイプ式・A4

大人用

提出期限のない書類

連絡網やパトロール表、PTAのお知らせなど、保護者向けのプリントも2穴ファイルにまとめ、必要なくなったら取り除きます。

再生紙2穴ファイル
50mm
パイプ式・A4

提出期限のある書類

遠足や運動会のお知らせ、集金に関することなど、提出期限のあるプリントはクリアファイルに入れて目に入る場所に保管。

ポリプロピレン
クリアケース
A4用・10枚入

EPISODE 07 動作寸法・動作空間

出し入れに必要な空間サイズを測る。

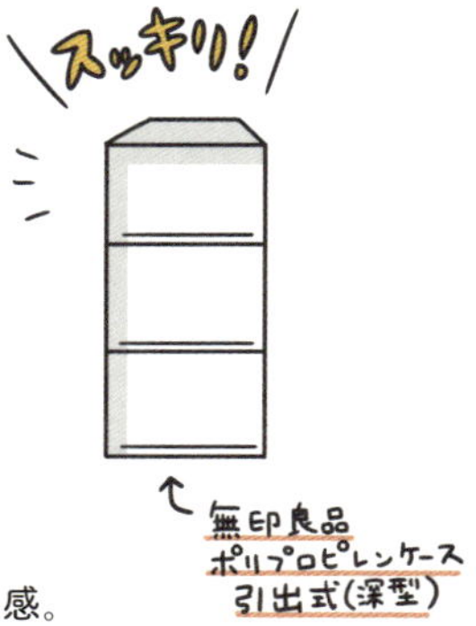

日本の住宅に合わせた寸法で作られ、
並べたり重ねたり、間取りに合わせて配置できる――。
引っ越しした時、無印良品の収納用品の便利さを改めて実感。
同時に、出し入れしやすい空間を考えることも
大切だということをしみじみ感じました。

あ、足が伸ばせない…
ぎゅう
ぎゅう
出し入れしづらい…
Oh…
ガン
間取りが違うからしょうがないけど…
仮住まいの間だけだし…
ガマンガマン…
荷ほどきしちゃおう
これはどうする？
お世話セット
重ねれば置けそう！
ホラ！良かった～♪場所、取られない！
スッキリ！
無印良品ポリプロピレンケース引出式（深型）
いいね！
あとこれは？
もともとリビングのクローゼットに入ってたやつ
うっ…さすがに場所がない…

しょうがない、キッチンのここに入れよ〜
ブツ
なんでこんなとこに収納があるのか分かんないけど…
ブツ
ポリプロピレン収納ケース
引出式（大）
1階ここしか収納ないしね
おっ!!
わ〜すごいピッタリ!
すごい!!
よし!あとは2階の和室をいっちゃんの遊びスペースにして…
なんか大丈夫そうだね!
こうして9ヶ月間この戸建てに仮住まい
よかったよかった〜
その間に私は「整理収納アドバイザー」という仕事があることを知り
整理収納アドバイザー!?
おもしろそう…!
資格を取得しました

そして9ヶ月後
ついに新居が完成！
スッキリ
ひろびろ〜
アラいいわね〜
整理収納の
基本を学んだ私は
新居1階の間取り
1階で
使うものを収納！
靴や
外で使うものを
収納！
階段下収納
階段
玄関
棚
押し入れ
日用雑貨を
収納！
和室
テレビボード
ラグ
ソファ
食器棚
キッチン
のちに
丸テーブルに
買い替え
ダイニングテーブル
シェルフ
ダイニング
ダイニングテーブルで
使うものを収納
リビングで使うものを
収納！
今までとはまったく違う
考え方で部屋作りを実践
へ〜あちこちに
収納してあるんだね
収納場所を
まとめ
ちゃうと
タイヘン
だしね…
前失敗したの…
あ、そうだ
みんなで
写真撮ろうよ！
いいね！
オーケー♪
スッ
ほら
いっちゃん
ここ座って
ひろびろ〜
…
こうして心機一転
カシャッ！
新居での暮らしが
スタートしました

動作寸法・動作空間を考える。

家具や収納用品を新たに設置する際、収納場所のサイズを測るのが基本。
その際、出し入れすることを想定した「ゆとり」も考える必要があります。

人体寸法

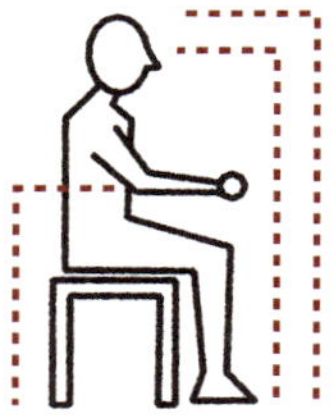

人が動かず、じっとしている時の寸法。つまり、身長や手の長さなど人体そのものの寸法を表します。年齢や民族によって人体寸法は異なります。

動作寸法

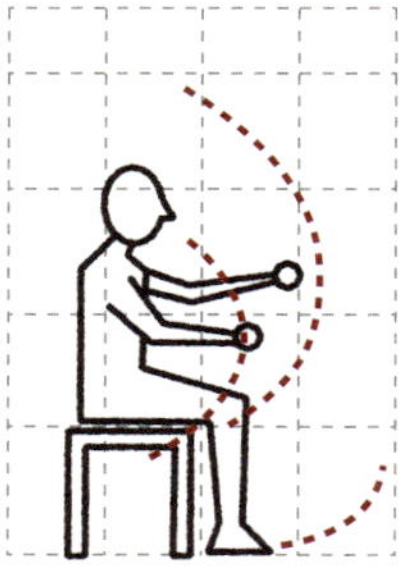

人体寸法に、身体や手足の動きを加えた範囲（空間領域）のこと。テーブルやデスクなどの家具を取り入れる時、動作寸法を考える必要があります。

動作空間

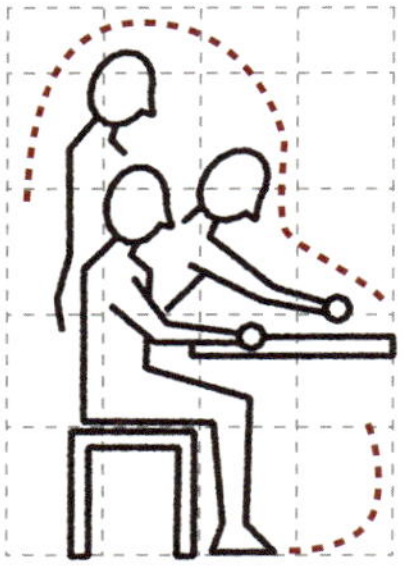

動作寸法に、家具のサイズと動きやすいゆとりを加えた範囲（空間領域）のこと。室内のレイアウトを考える時、動作空間を考える必要があります。

資料提供（p96〜99）：一般社団法人日本収納プランナー協会、動作寸法・動作空間の単位：mm

整理収納アドバイザーの資格を取得した後、「もっと空間作りに関する知識を深めたい」と強く思いました。そして、色々調べて出合ったのが「住空間収納プランナー」という資格です。

住空間収納を学ぶ中で、「空間作りをする上で考えるべきは何か」を知りました。それが「動作寸法」と「動作空間」です。動作寸法とは、人の手足や身体が動く範囲を、動作空間とは動作寸法に家具などのサイズとゆとりを加えた範囲を言います。

動作寸法や動作空間を考えることは、間取りに合ったサイズの家具選びや家具の配置を決めるのに役立ち、収納作りにも大きく影響します。逆に、それを考えずに空間作りをすると「なんだか生活しづらいな」と感じるようになると思います。

戸を開ける

戸を開ける時、下の図のように戸が開く側に
空間(内開きなら内側、外開きなら外側)が必要になります。

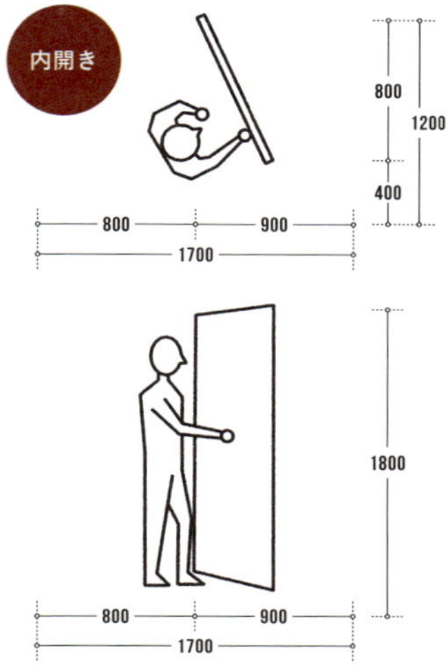

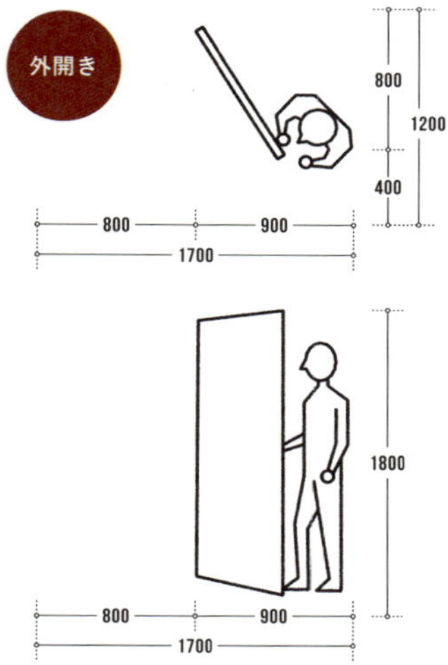

テーブル・イスに座る

空間の取り方は人数や配置によって変わり、
座ったり立ったりする時にイスを後ろに引く動作が発生します。

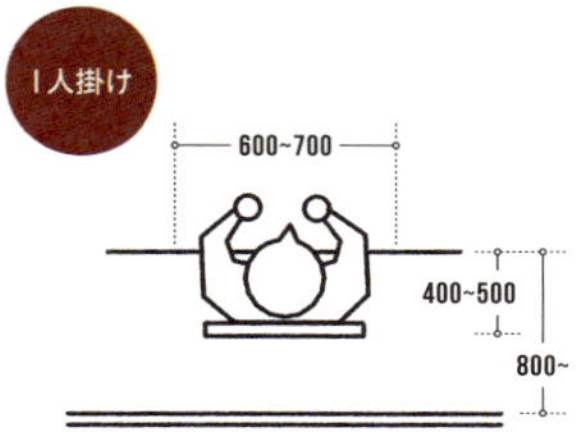

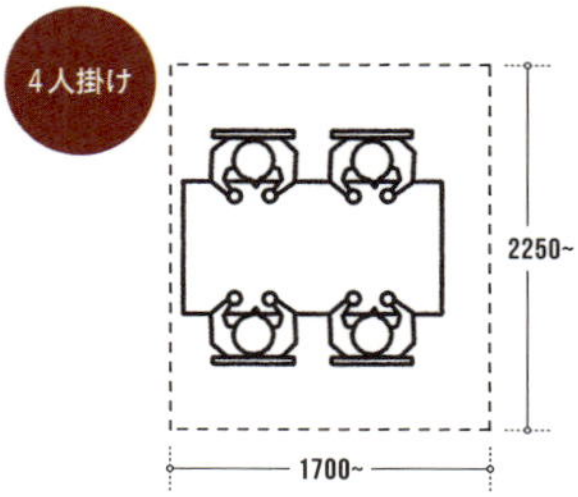

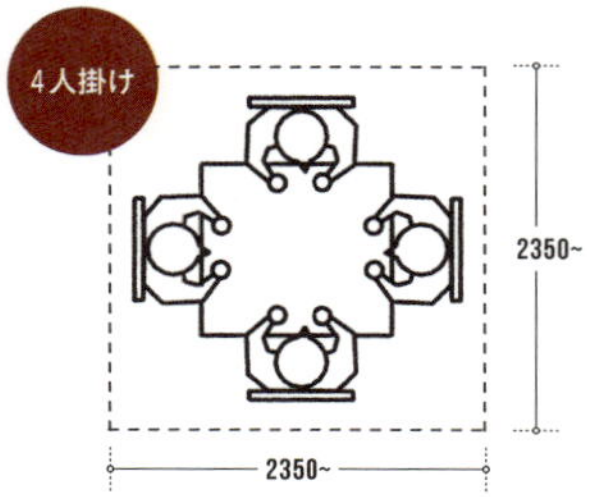

ものを取り出す

引き出しを引いたり扉を開けたりしてものを取り出す際、
十分なゆとりが必要。通路側のスペースを確保します。

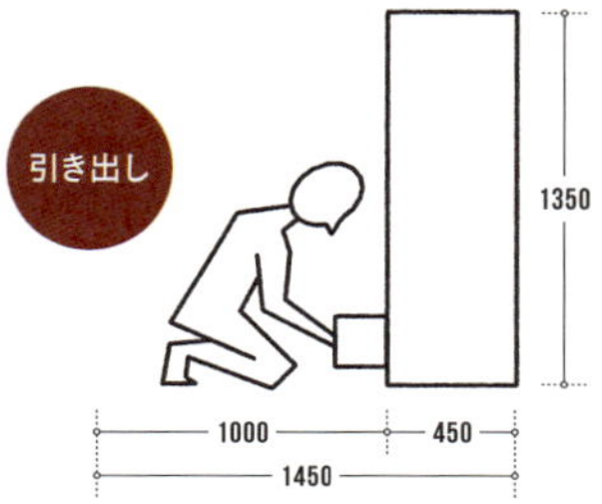

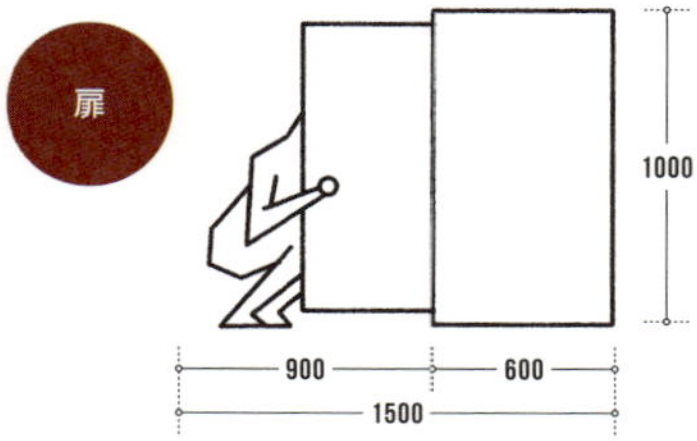

テーブル・ソファ

ソファの前にテーブルを置く場合は、
足が窮屈にならないようゆとりを持たせるのがポイントです。

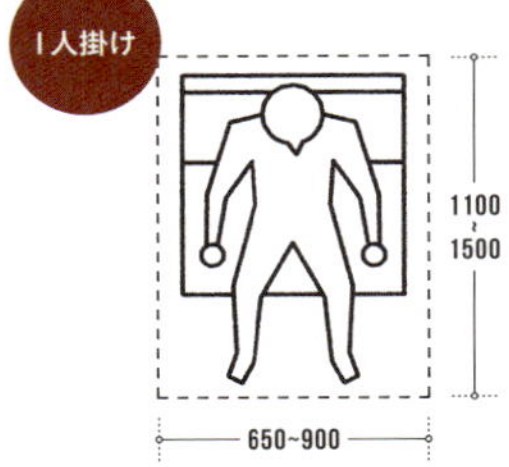

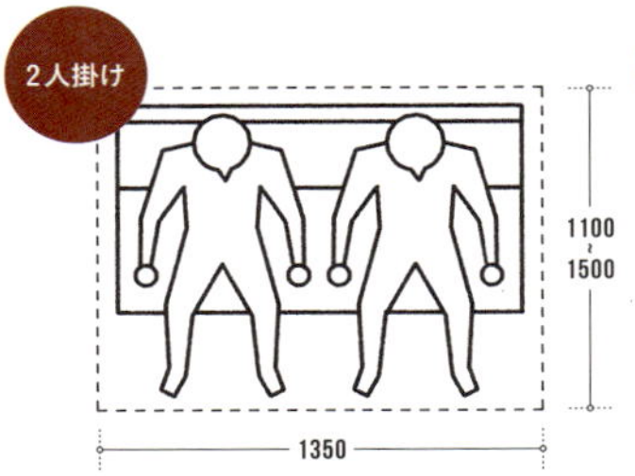

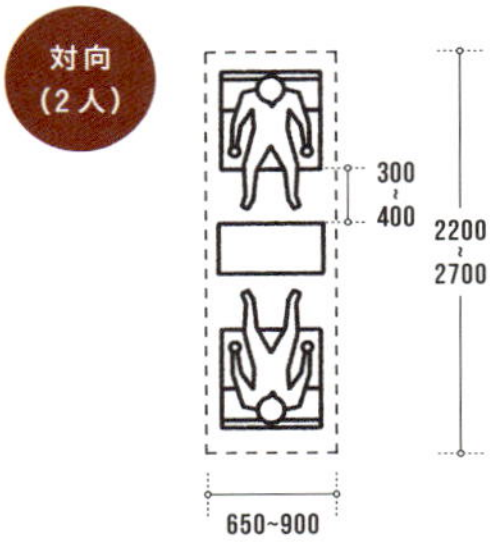

足を伸ばしてくつろいだり、息子がお昼寝したり、来客に座ってもらったり……。サイドにひじかけのない、ゆとりのあるソファを選びました。

以前のソファも奥行きがありましたが、サイドのひじかけがジャマだったり、前にローテーブルを配置したことで足を伸ばせませんでした。

数年前、わが家はソファを買い替えました。新しいソファの絶対条件は、「家族みんな、好きなくつろぎ方ができる」ということ。これは、動作寸法や動作空間を学んだからこそ頭に浮かんだ条件でした。

皆さんは、ソファでどんなくつろぎ方をしますか?

わが家の家族は、マッサージチェアに横になるような感じで座り、くつろぐのが好きです。足は曲げず、前に思いっきり伸ばした座り方をします。このくつろぎ方は、ソファの奥行きがある程度ないとできません。ソファの配置も、前に足が伸ばせるくらいの空間を確保する必要があります。

実は、ソファを買い替える以前(2人目の出産時)、リビングのローテーブルを手放していました。それが功を奏し、希望

ベッド（洋室）・布団（和室）

ベッドメイキングのための空間や、
布団を畳む時に必要な動作寸法を考えて配置したいです。

ベッドと家具の距離

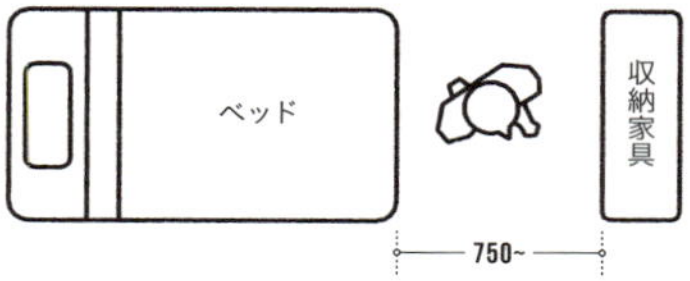

ベッドのそばに収納家具を置く場合は、その間を歩くことを想定したスペース取りを。

ベッドと机の距離

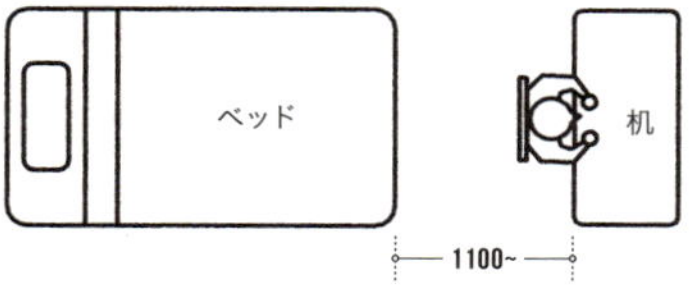

机を置く場合は、イスを引くことを想定して収納家具よりさらに広いスペースが必要です。

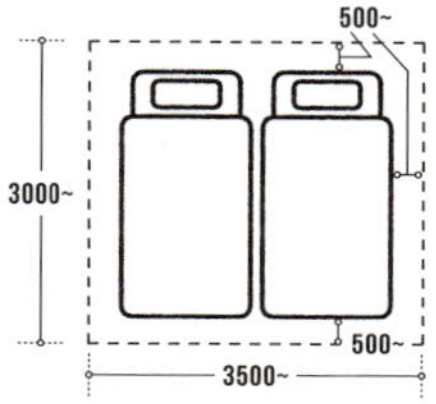

布団

布団は部屋に合わせてスペースを確保しやすいですが、使わない時はしまっておく収納場所が必要です。

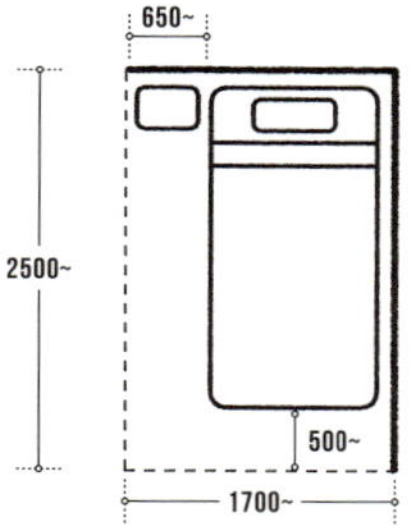

シングルベッド

壁に寄せて配置することが多いシングルベッドは、壁との間にベッドメイキングのための空間を作ります。

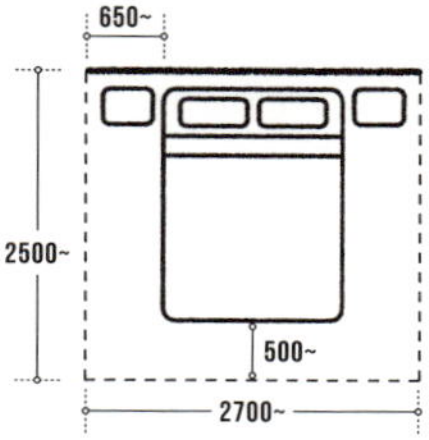

ダブルベッド

頭側を壁に寄せて配置することが多いダブルベッド。足側は最低50cm、60cmあれば余裕です。

のソファのサイズ、希望のくつろぎ方を叶えることができたのです。

なぜ、ローテーブルを手放したかというと、リビングのラグの上で子どもたちが思いっきり遊べるようにするため。当時の私は動作寸法や動作空間という言葉を知らなかったのですが、「子どもたちが思いっきり遊ぶには、これくらいのスペースが必要だな」と、無意識のうちに空間のことを考えていたのかもしれません。もしかしたら、皆さんも無意識のうちに動作寸法や動作空間を考えているかもしれませんね。

97～99ページの図は、実際の生活シーンで必要となる動作寸法・動作空間のサイズをまとめたものです。ぜひ、皆さんのご家庭の空間作りに役立てていただきたいと思います。

無印良品の防災グッズと、私。

防災士の資格を取得した際、「今、始められることからやろう」と思い
防災や備蓄に関わるものを、無印良品でそろえました。

A

B

C

D

E

**A. EVAケース
ファスナー付・B6**

**B. フィルム石けん
24枚入**

**C. 携帯用ヘアブラシ
スリムタイプ**

**D. 歯みがきシート
12枚(2個)**

**E. 虫よけシート
12枚**

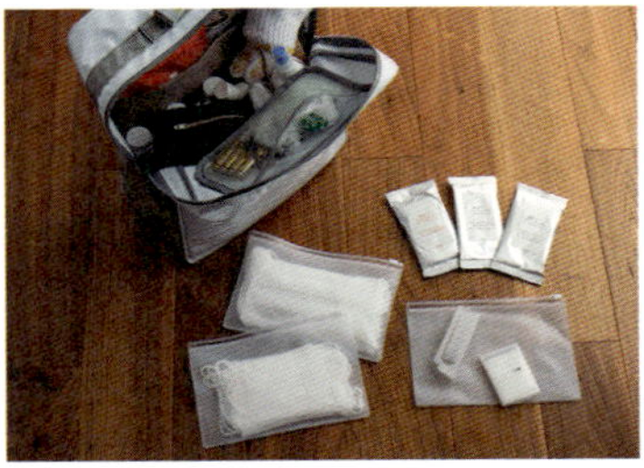

ネットで購入した防災セットに、わが家にとって必要なものを無印良品で追加しました。このセットは緊急時に備えて、玄関の棚に保管しています。

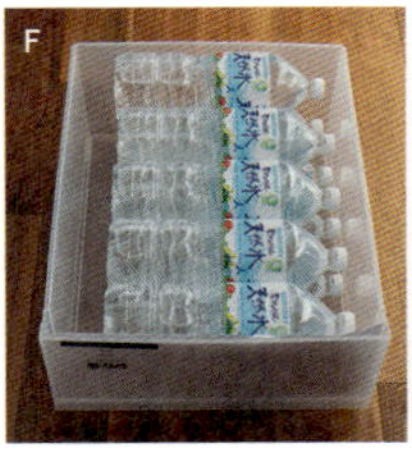

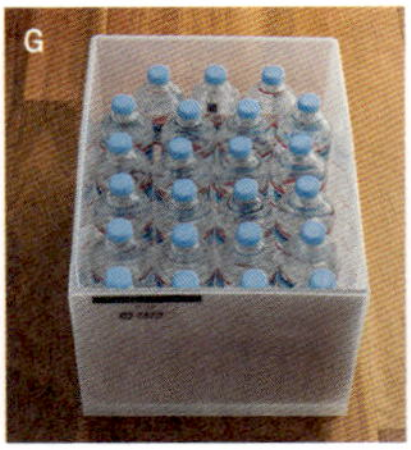

押し入れケースに2ℓのボトルを10本、700mℓのボトルを23本入れてストック。ポリ袋を使ってできるレシピ集も一緒に。
水以外の備蓄食品は食器棚に収納し、ローリングストック法で管理しています。

F. ポリプロピレンクローゼットケース・引出式・大(約W44×D55×H24cm)／**G.** ポリプロピレン収納ケース・引出式・深(約W34×D44.5×H30cm)／**H.** ポリプロピレンケース・引出式・深型(W26×D37×H17.5cm)、温めて食べるパックごはん 雑穀米・180g(1人前) etc.

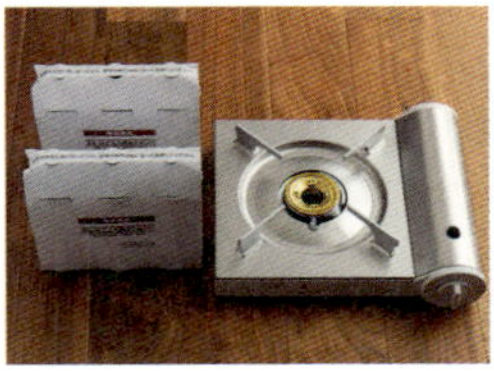

**・カセットこんろ
・カセットこんろ用ガスボンベ**

カセットこんろとガスボンベをセットで保管。わが家はオール電化住宅なので、このアイテムは必須。もしもの時も安心して食をとれるように取り入れました。

**・LED懐中電灯・小
(単3乾電池対応)
・LED持ち運びできるあかり**

1階のダイニング（シェルフ）と2階の寝室に置いている、懐中電灯やライト。停電した時のことを考えて光るラベルを貼り、暗やみの中でもすぐ手に取れるように。

**UVカット熱を通しにくい
ボーダー防炎ボイル
プリーツカーテン オフ白**

寝室で使っているカーテンは、紫外線の透過を防ぐだけでなく、外からの熱を通しにくい防炎機能つきのもの。無印良品は防炎カーテンの種類も豊富にそろっています。

CHAPTER 04

子育て

無印良品が、やっぱりいい。

「イラッ」とした時こそ収納を見直すタイミング。

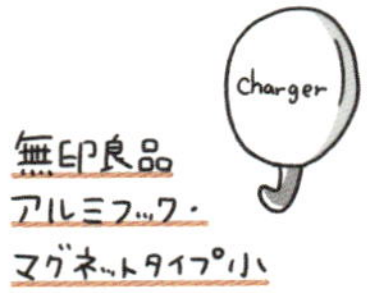

整理収納アドバイザーの
資格を取ったこともあり、
ものの購入の仕方や配置の考え方が
ガラリと変わった私。

これまでのたくさんの失敗や反省を生かして

- 誰が
- どこで
- 何をするのか

を考えて収納用品を取り入れ、
〝わが家に合った整理収納〟を
実践するようになりました。

その中でも、どんな環境にもなじんで、
わが家流にアレンジできる
無印良品の収納用品は相変わらず大活躍！

と思った瞬間が、なにげない日々の中で
何度あったことでしょう……！

特に私が収納を見直すのは、

と感じた時。
ちょっとした無印良品のアイテムを
プラスするだけで、
ストレスをスッキリ
解消できるのだから快感です。

2人目の子どもが生まれた後も、
子どもたちが成長する中でも、
無印良品を活用したわが家の整理収納は
日々、更新中です。

ここからは、
そんなわが家の
整理収納を
ご紹介します！

ある朝──
うっ
ガン
いった～…
もう朝か～
チチチ…
いっちゃん朝だよ～
…ん？
あっ
イラッ
ゴミ箱
も～～っ
もーっちゃんと捨ててよ～
ポイ
イラ
イラ
ヒョイ
お願いしても右から左なんだよね～
いい手はないかな…ってん!?

…
そうだ！
ひらめいた!!
フフ…
整
整理収納の神様
テーテッテレ～♪
その日の夜
フンフン
～♪
ん？
Car
DUST BOX
…ダスト…ボックス…
チーン
ポイ
おおっ 便利！
フフフ…

これでゴミを捨てる手間がなくなった♡
大成功♡
無印良品コンパクトスチールキャビネット
マグネットシールでここに貼付け！
ラベリングして分かりやすく
DUST BOX
無印良品 ポリプロピレンごみ箱
再びある朝――
ジリリリリ…
いっちゃん朝だよ～
あらしゅうちゃんヨダレが…
ティッシュティッシュ…
ごちゃごちゃ～
ピタ

ん〜〜〜
ジャマ〜〜〜
イラ イラ イラ
このコード類、見た目も悪いしストレスだなぁ
充電コード
イヤホン
でも寝る前には音楽聴きたいし
夜はスマホを充電したいんだよね〜
う〜ん
…!!
またきたよ
整
整理収納の神様
ピーン
そうだ！
夜
フン フン
ふぁ…
そろそろ寝ようかな…
まとめ まとめ

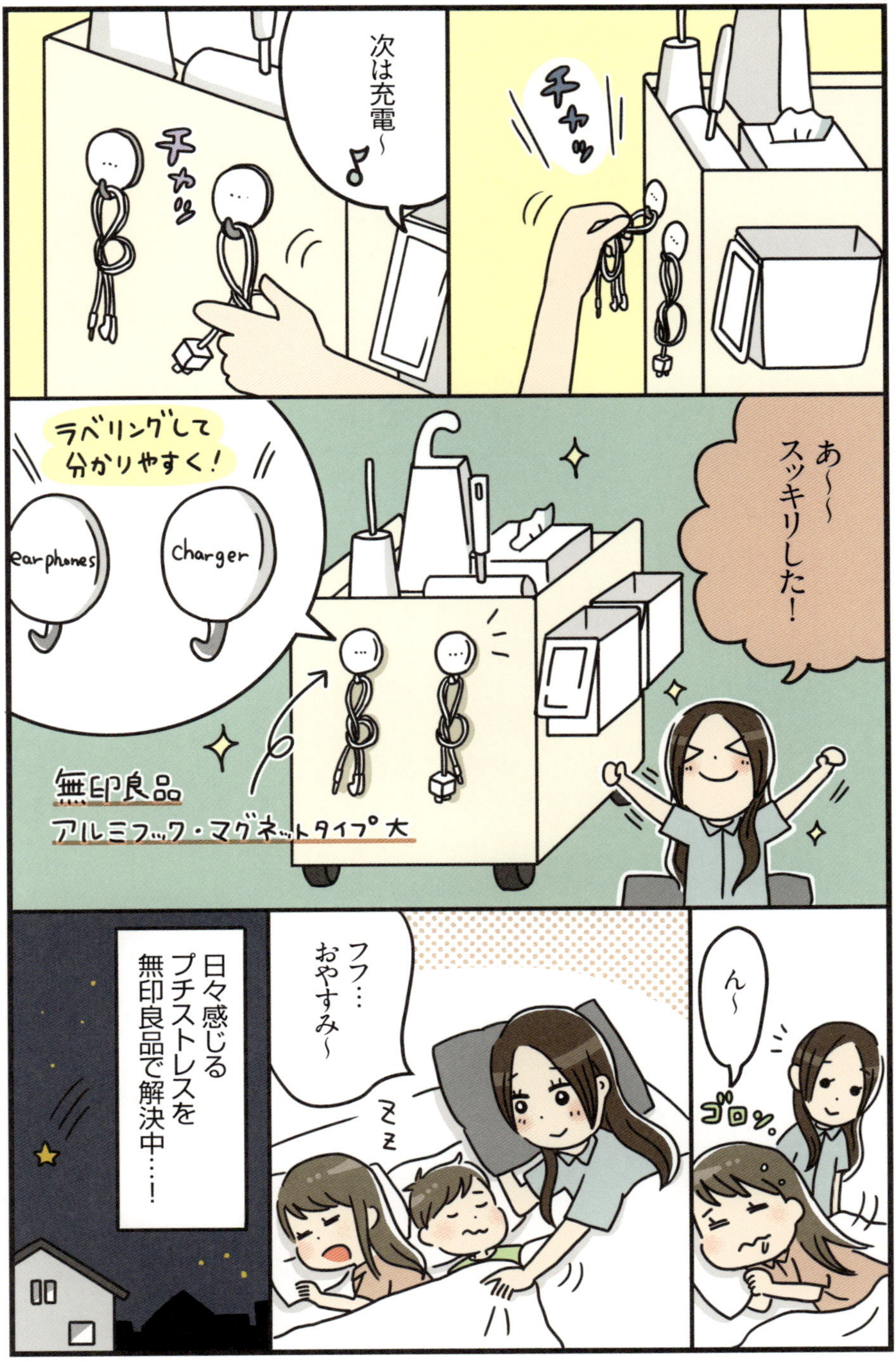
次は充電～♪
チャッ
チャッ
ラベリングして分かりやすく！
earphones
Charger
無印良品
アルミフック・マグネットタイプ大
あ～～スッキリした！
日々感じるプチストレスを無印良品で解決中…！
フフ…おやすみ～
Z Z
ん～
ゴロン。

整理収納は日々、見直す。

フックや仕切板などのちょっとしたアイテムから、キャビネットまで。
日々のイライラをスッキリ解消してくれるものが、無印良品にはそろっています。

寝室

使いづらかった サイドテーブルの代わりに キャビネットを導入！

結婚当時、ベッドサイドにものを置ける場所があればいいなと思い、サイドテーブルを購入しました。しばらくは便利に思っていたのですが、子どもが生まれた後、このサイドテーブルが私のストレスの原因に……。

まずテーブルが重たかったので、掃除する時に移動させるのがとてもタイヘン。さらに小さなテーブルの上に、子どもが寝る前に読む絵本やボディケア用品を置くとゴチャゴチャになりました。そこで買い替えを検討し、選んだのがキャスターつきで移動がラクなうえ、収納面でも優れていた無印良品のキャビネットです。

寝室で使うモップやクリーナー、ティッシュをまとめて。無印良品の掃除グッズはコンパクト＆シンプルなので目立ちません。

掃除用品システム カーペットクリーナー

マイクロファイバー ミニハンディモップ

アクリル卓上用 ティシューボックス ティシュー入

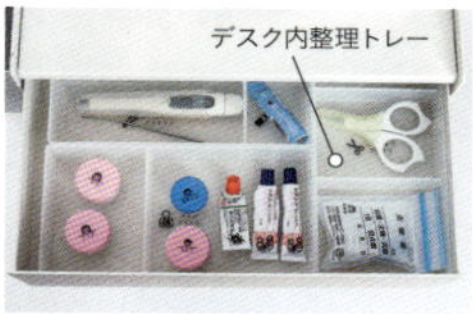

引き出しの中は、子どもたちが寝室で使うケア用品を整理トレーに分類して収納。大人用のケア用品は夫側のキャビネットに収納しています。

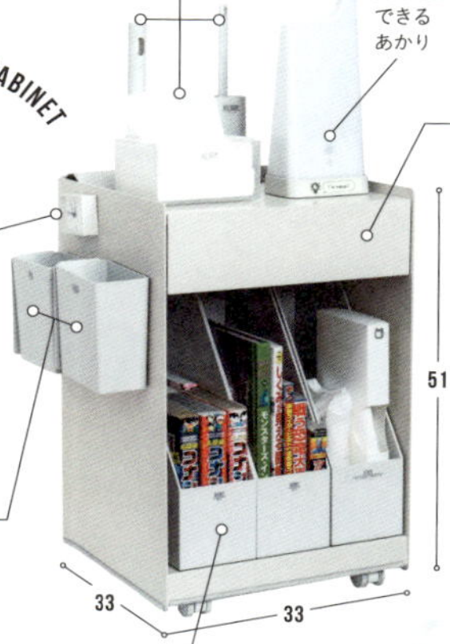

LED 持ち運びできる あかり

コンパクト スチール キャビネット

当初、置き時計をキャビネットの上に置いていたのですが、ジャマだったのでマグネットタイプに変更。

駅の時計・ミニ（マグネット付）

夫のキャビネットと同じくゴミ箱をサイドに。片方は娘のめがね入れ。

ポリプロピレン ごみ箱・角型 ミニ（約0.9L）

子どもの本やゴミ袋など。A4用のファイルボックス3個でキャビネットの幅にぴったり！

ポリプロピレン スタンドファイル ボックス・A4用 ホワイトグレー

ファイルボックスを裏返せば、中身が隠れて見ためもスッキリします。

マグネットタイプのフックに、携帯電話の充電ケーブルとイヤホンを引っ掛け収納。

アルミフック マグネットタイプ 大・2個入

パソコンスペース

使わない時はサイドに立て掛けてスペースを確保！

パソコン作業以外の時、キーボードがとてもジャマに感じていました。

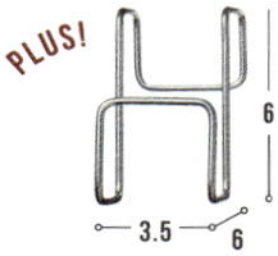

ステンレス
扉につけるフック

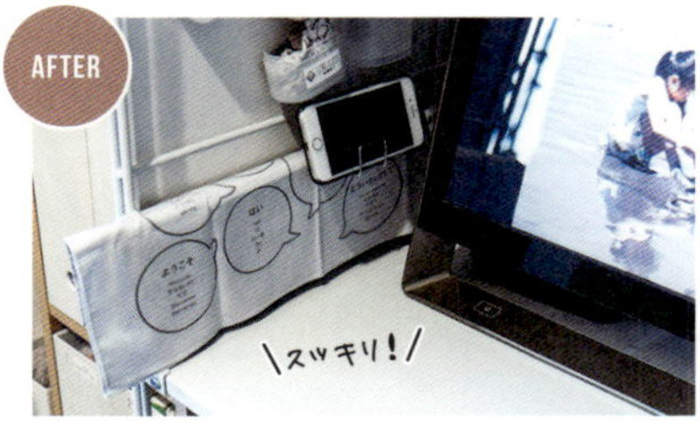

フックを付けてキーボードを固定。フックの溝を利用して携帯電話の置き場にもなります。

玄関

ジャマだったブラシをフックに引っ掛け収納

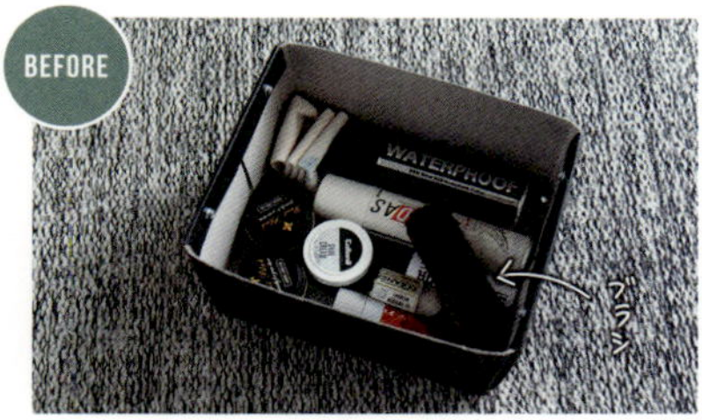

靴のメンテナンス用品をまとめたボックス。ブラシがジャマになって他のものが取りにくい状態でした。

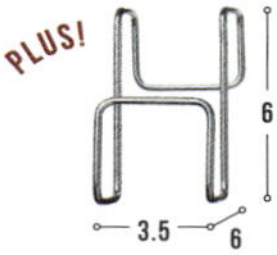

ステンレス
扉につけるフック

フックをボックスに取りつけて、ブラシを引っ掛け収納。これで取り出しやすくなりました！

年度末や家族のライフスタイルが変わる時など、収納の見直しをするタイミングは様々ですが、日々生活する中で自分自身や家族が「使いづらい」「わかりづらい」と感じた時も、絶好のタイミングです。

特に家族の反応がわかりやすいのが、家族共有のスペース。言葉で「使いづらい」「わかりづらい」と言われなくても、ものが出しっぱなしになって元の場所に戻っていない、収納スペースがゴチャゴチャになっている……という状況こそが、家族の心の声の表れだからです。

わが家でも、使用済みのティッシュが床に転がっていたり、携帯電話の充電ケーブルがグチャグチャに絡まっていたり……。そんな困った時こそ、〝収納の見直し時〟だと思って、ものと向き合うようにしています。

玄関

キッチン用の収納アイテムを玄関の棚に活用

玄関収納の扉の裏にフックを取りつけ、鍵や保護者証、パトロール証を引っ掛け収納。ところが、次第に収納するものの数が多くなり、重なって必要なものが取りづらくなりました。

CHANGE!

ポリプロピレン
ラップケース用
マグネット・大
約幅25〜30cm用

＋

アルミフック
マグネットタイプ
小・3個入

マグネットとマグネットタイプのフックに変更し、フックの数を増やせるようにしました。マグネットはラップケースを冷蔵庫に貼りつける用に売っていた商品です。

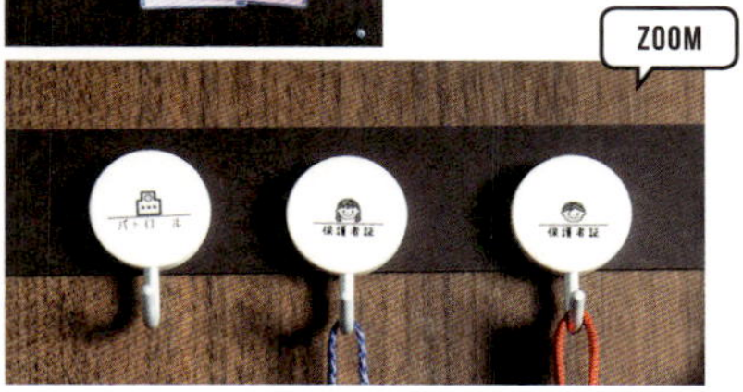

マグネットにはラベルを貼ってわかりやすく。

キッチン

つっぱり棒と仕切り板で取り出しやすく

フライパンは仕切りスタンドに立てて収納し、出し入れしやすく。ですが、取り出す時に持ち手が下がってつかみにくい状態になりました。

つっぱり棒を引き出しの中に取りつけて、持ち手を棒に引っ掛けると取り出しやすくなりましたが、サイズが小さい卵焼き器は持ち手が棒まで届きません。

PLUS!

スチール仕切板・小

仕切り板を置いて卵焼き器を手前に寄せると、持ち手が棒まで届いて解決!

ダイニング

1ヶ所にまとめると ゴチャつくものはケースに分類！

携帯電話やタブレットを1ヶ所に収納。必要なものが取り出しづらく、ケーブルが絡まってしまうことも……。

CHANGE!

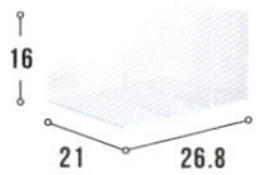

アクリル仕切りスタンド
3仕切り

＋

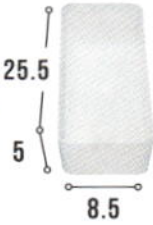

ポリプロピレン
整理ボックス2

仕切りスタンドに整理ボックスを挟んで、分類して収納できるようにしました。スタンドを逆さにしたことで棚代わりにもなりました。

ダイニング

アイテムをケースに入れ替え トラブル防止

便箋が入っている袋の粘着面が、他の便箋にくっついて使えなくなってしまいました……。

CHANGE!

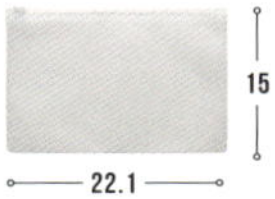

EVAケース
ファスナー付・B6

便箋をそれぞれEVAケースに入れ替え、粘着面がくっついてしまうというトラブルを回避。

整理収納アドバイザーの仕事をしていると「片づけられない性格を、まず直さないとダメですよね……」というお悩みをよく聞きます。

ですが、その必要はまったくありません。性格なんて、なかなか変えることはできません。片づけられないのが、面倒くさがりな性格のせいならば、そんな性格の自分を助けてくれる整理収納法を見つければいいのです。

私は日々、生活する中で「面倒くさい！すごく手間！」と思うたび、収納方法や収納場所を見直してきました。その時、いつも解決に導いてくれるのは、形やサイズ、素材などが多種多様にそろっている無印良品の収納用品たち。何かひとつ取り入れるだけで、今まで感じていたイライラがスッキリ解消するのだからスゴいですよね。

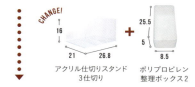

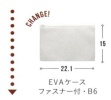

EPISODE 09 収納の目的

収納用品を取り入れて「ラク家事」を実現する。

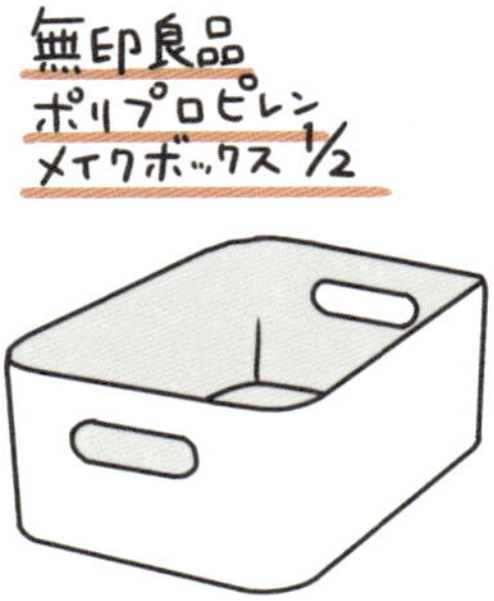

なるべく動かず、ものを探さず、
時間をかけずに家事を済ませたい——。
そんなずぼらな思いを叶えてくれるものこそ、
無印良品の収納用品たちです。

はい！
ブッ
何その取り方！
あははラクなんだよね～
無印良品
ポリプロピレン
メイクボックス1/2
この手掛穴が便利なの～
アハハずぼら主婦～
お母さんズボラ～
便利なんだから～
ナヌッ
それよりそろそろ買い物行くよっ
は～い
プリプリ
玄関――
パカ
フンフン
おっ買い物～♪
エコバッグと～
スッ

サングラス♪
チャッ
へ〜
ここにまとめてるんだ
うん♪
靴と同じで外でしか使わないから
サングラスとエコバッグはセットによ
無印良品
ポリプロピレン
メイクボックス
エコバッグ
無印良品
アクリルメガネ・
小物ケース
虫よけシート、
日焼け止めなどのケア用品
サングラス
1/2サイズ
マスク
あ！マスクも持っていこうかな
取ったげるよ！どこ？
ありがとう♪そこの2段め！
えっここ？
?

取り出すの面倒じゃない？
フッフッフ…
いちいち上のケースどかすの？
まぁみてて
ウフフ
ノンノン
はっ まさか…
スッ
スルルル〜
おおっ やっぱり!!
どうだ!!
便利でしょ〜
どーん
う〜む ずぼらだけど便利かも…
でた〜 ズボラ主婦〜
も〜っ それ褒めてないし〜っ
アハハ
アハハ

EPISODE 09

収納の目的

ずぼらな性格を直す必要はない。

動かない、探さない、時間をかけない──。これこそ、家事をラクにする3条件。
これらを叶えるためのコツは、収納用品の使い方を限定しないことです。

収納用品を選ぶ時、サイズや見ため、機能性をチェックしますが、その収納用品に「プラスαのメリットはないか？」を考えることも楽しいものです。

無印良品のメイクボックスは、半透明なので中身がひと目でわかる上、横に並べることも縦に重ねることもできる優れもの。

そして、さらなる特長が「収納するものによっては出し入れできる！」と感じた持ち手の穴。「出し入れする空間の余裕が上部にない」「重ねているものをどけないと出せない」という時、悩みを解決してくれるプラスαのメリットです。

メイクボックスの取っ手の穴を出し入れに利用！

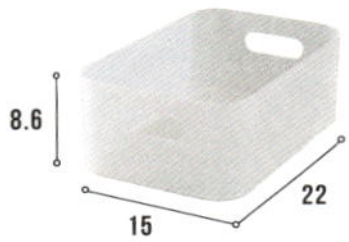

ポリプロピレン
メイクボックス・1/2

キッチン

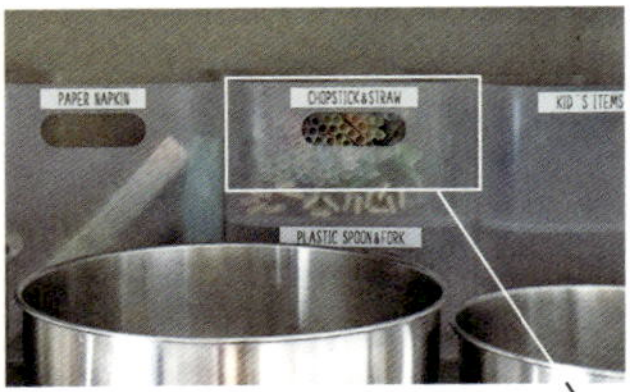

子どもたちが使うストローは食器棚の奥、重ねたメイクボックスの上段に入れています。

わざわざメイクボックスを取り出さなくても、持ち手の穴からストローを取り出せます。

玄関

上のメイクボックスには、日焼け止めや虫よけスプレーなど、下のメイクボックスにはマスクを収納。外で使用するアイテムをセットにして玄関の棚に置いています。

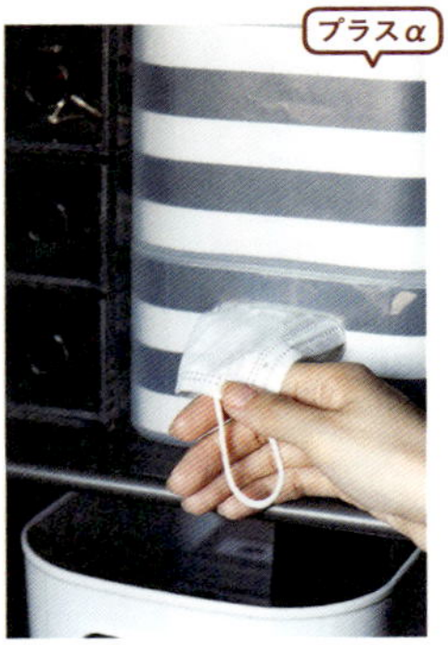

下のメイクボックスに入れているマスクは、取っ手の穴から取り出しています。

パソコンスペース

専用ケースを
必ず使う必要はない

掃除用品システム
フローリングモップ
※ポールを装着して使用

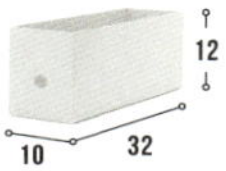

ポリプロピレン
ファイルボックス
スタンダードタイプ
ホワイトグレー・1/2

掃除用品システム
フローリング
モップ用ケース

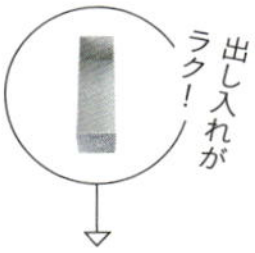

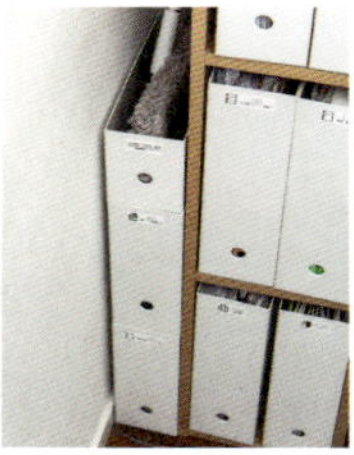

パソコンスペースや階段下収納に置いているモップは、ササッと出し入れしやすいようにフタのないファイルボックスに入れています。来客の目につく場所や、コンパクトに収納したい場合は専用ケースがおすすめ。

クローゼット

洗濯と収納を兼用！
畳まず掛ける収納に

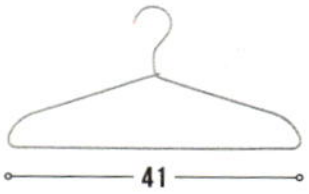

アルミ
洗濯用ハンガー

肩の部分から衣類が落ちにくいように工夫された形状。

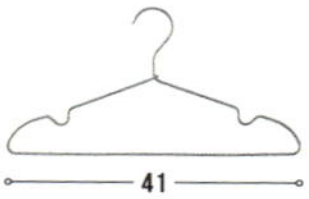

アルミ洗濯用ハンガー
肩ひもタイプ

肩ひものある衣類がずれ落ちないよう、左右にくぼみつき。

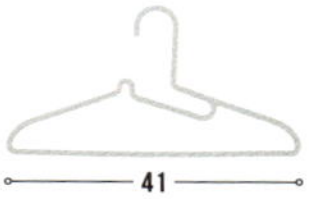

ポリプロピレン
洗濯用ハンガー・シャツ用

首回りを広げなくても通せるようつけられたくぼみが特長。

無印良品のハンガーは種類によって33cmと41cmがあるので、用途に合わせて選ぶのがおすすめ。わが家では子ども用を33cm、大人用を41cmにしています。

ずぼらさんで、シワもあまり気にならないという方におすすめなのが、洗濯用ハンガーを収納用ハンガーと兼用にすること。洗濯物を干した後、畳まないでそのままクローゼットに引っ掛け収納できるので、時短にもなります。

私は自分自身がイヤになるくらい、根っからのずぼら主婦です。そんな自分を変えようと何度も試みましたが、そうすること自体がストレスに……。家にいる時くらいは、ありのままの自分でいたいですよね。

結婚したての頃の私は、収納に見ための美しさを求めていたのですが、日々生活する中で「私にとって収納は美しいことより、使いやすいことのほうが大事」と考えるようになりました。今では、家事をラクにさせてくれる収納が、ずぼらな私を助けてくれます。

自分の時間を作るためにも、家事がラクになるよう工夫しています。

キッチン

ギャラリー収納で
持ち過ぎ防止

コの字ラックを使って上下の空間を生かし、来客用の食器類を収納。来客が少ない割には食器が多く、ゴチャッとしているのが気になっていました。

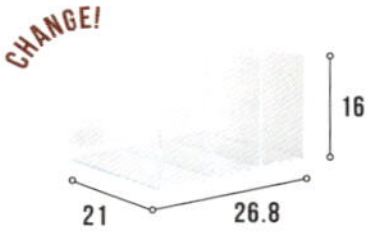

アクリル
仕切りスタンド
3仕切り

アクリル仕切りスタンドを3つ、ひっくり返して食器棚に横に並べました。

来客用食器コーナーをギャラリー収納に変更。こうすることで、持ち過ぎ防止につながりました。

キッチン

袋のままでも
省スペースに収める

粉物は白いケースに詰め替えて収納していましたが、残量がわからない上、場所を多く取られているのが気になっていました。

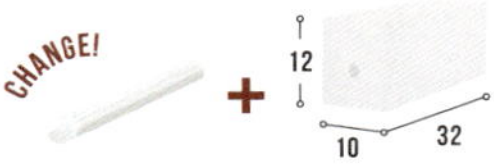

ポリプロピレン
袋止めクリップ
大・5個入り

ポリプロピレン
ファイルボックス
スタンダードタイプ・1/2

詰め替えずにクリップで封をして、粉物をボックスにまとめてコンパクトに保管。

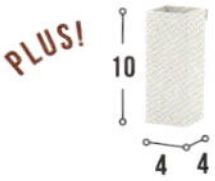

ポリプロピレン
ファイルボックス用
ペンポケット

ファイルボックスにペンポケットを引っ掛けて、粉物を使う時のスプーン入れに。

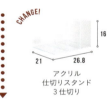

キッチン

見渡せる収納で探す手間なし

常温保存の野菜はカゴにひとまとめ。カゴの奥行きがなく、野菜が積まれて取り出しづらいのが悩みでした。

18-8 ステンレス
ワイヤーバスケット2

奥行きのあるバスケットに替え、重なりを防止。ワイヤーバスケットなので通気性もバッチリです。

キッチン

仕切り板の逆さ使いでななめに収納

レトルト食品をケースにまとめて入れていたのですが、中身がグチャグチャになって出し入れしづらい状態に……。

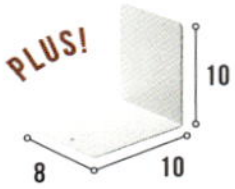

スチール仕切板・小

仕切り板を逆さにして入れ、レトルト食品をななめにして並べるとスッキリ。賞味期限も見えるようになりました。

家事がラクになるよう、私はいつも「3N」を意識しています。Nは「〜ない」の意味で、3Nは「動かない」「探さない」「時間をかけない」のことです。

この3Nは、収納方法やものの選び方によって叶えることができます。わが家の場合、例えばクローゼットのハンガーを物干し兼用にしたことで、畳む手間が減って「時間をかけない」が実現しました。ハンディモップをファイルボックスに入れるのも、ササッと取り出せて「時間をかけない」につながっています。ものを1ヶ所にまとめて保管するのではなく、使う場所ごとに必要なものを収納することで「動かない」「探さない」を叶えることもできています。

ぜひ、皆さんも3Nを収納で実現してみてください。

EPISODE 10 動線の整え方

移動がスムーズなほど 片づけも家事もラクになる。

ものを出し入れするために
自分や家族が部屋の中を移動する際、
そのコースを遮るようなものは置いていませんか？
回り道をするなど、ムダに距離が長くありませんか？
実際に使う人の立場になって環境を見直すことが大切です。

ガチャ
ただいま~♪
おかえり~
バタン
ダダダダ
しまってくる!
ダダダダ
ゴンゴン
う~ん
ん? どうしたの?
うかない顔して…
なんか遠くて面倒くさい~ わざわざ2階まで行くの…
えっ
あそこがいい!
ビシッ
無印良品
スタッキングシェルフ
ダイニング…!?

う～ん
たしかに 2階は 面倒かな…
いいよ！ じゃあ いっちゃんの コーナー 決めよっか
やった～ どこに しようかな！
えーと ただいま～って 部屋に入ったら リビングの 横を通って～
スタスタ
ちょっと 待った!!
ランドセル 片づける前に 学校でもらった プリントを いただきます！
はっ そうか！
STOP!
スタ
はい！ プリント！
スタ
で～
は～い
ここがいい！
右のココ!!
えっ
でもこっち 通ったほうが広いよ？ ここにしたら？
左側
ううん、 そっちは遠回りだから 右側がいい！

梶ヶ谷家 1階
ほら!
玄関
トイレ
キッチン
最短距離!
ここでプリントを渡す
ソファ
ラグ
和室
ダイニング
リビング
遠回り…
なるほどね～
確かに
オーケー♪ じゃ名札や帽子もここにしまおうね
帽子
ランドセル
名札
通学グッズもまとめて…
うん! 教科書も近くに置きたい!
えっ
う、う～～ん…
シェルフがどんどん占領される…
ダメ?
はっ
ピーン
いいよ! そのかわり… 宿題はちゃんとしてね
教科書も取りやすいしダイニングも近いよね♪
ズイ
うっ
ア～～ンド
シンクもすっごく近いよね
ランドセル置いたらすぐ手洗いうがいね!
ズズイ
うぐぐっ
は～い
ブ～
YES!!

暮らしやすい動線を作る。

家の中で、自分や家族が移動する道筋のことを「動線」と言います。
動線がスムーズかどうかは、片づけやすさ・暮らしやすさにも大きく影響します。

1階 間取り

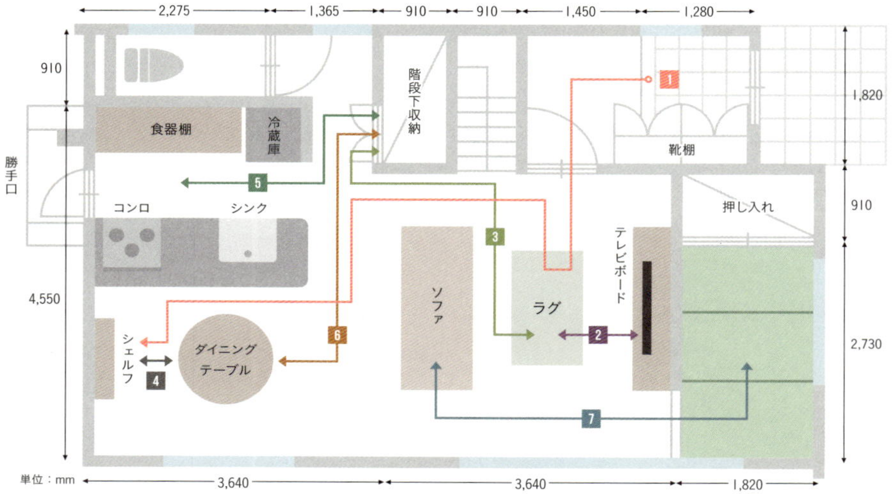

1 娘の動線。学校から帰ったらリビングで私にプリントを渡して、ダイニングのシェルフにランドセルを収納します。

2 リビングで使うものは、テレビ下の引き出しに収納。

3 子どもたちがリビングで遊ぶおもちゃは階段下収納に。

4 ダイニングテーブルで使う文房具は、すぐそばのシェルフにあれば便利。

5 エプロンやゴミ袋などキッチン雑貨を収納できる場所が近くにあるとラク。

6 ダイニングテーブルで読みたい雑誌や本、書類などは階段下収納に。

7 息子が赤ちゃんだった頃、お世話する場所はリビングで、おむつ替えは和室でした。

家の中が片づかないのは、「動線と収納場所の相性の悪さ」も関係しています。片づかないと悩まれる家庭では「収納に合わせて人が動き回る」ということが起きていますが、本来は「人の動線に合わせて収納がある」という状態が好ましいもの。

例えば、2階にしかバッグの置き場がなく、家に帰ったらバッグを置くために2階まで上がらないといけない、というのは悪い動線。いつの間にか1階に荷物が出しっぱなし……なんていう状態にもなりかねません。動線は短いほどラクになります。玄関収納などにバッグの置き場を作れば、帰ってすぐ下ろせて、出しっぱなしも防げますよね。

家具や収納用品を取り入れる際は、自分や家族の動線を意識して収納場所を決めることが大事です。

動線の実例

息子の身支度動線

2階

息子の部屋・間取り

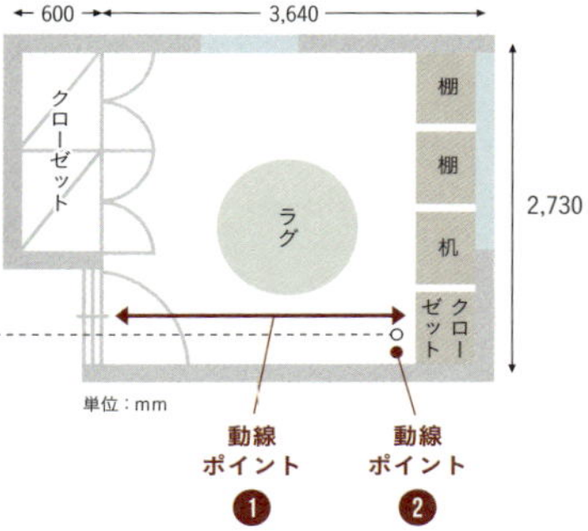

息子の部屋には元々、クローゼットがあります。ですが、あえて無印良品のスチールユニットシェルフを使ってクローゼットを作り、部屋の一角に設置しています。

昨年の3月まで息子は私服で保育園に通っていたのですが、幼稚園に入園したら園指定の制服や靴下、バッグを身につけなければいけません。そこで、普段着用の服を収納している備えつけのクローゼットとは別に、幼稚園の身支度専用の場所を作り、息子が混乱せず用意できるようにしました。

動線ポイント

1. 息子が部屋に入り、一直線に進んだ場所にクローゼットを設置し、幼稚園のアイテムを集めました。

2. クローゼットのそばに鏡を設置。着替える時、横を見ると鏡で全身チェックできます。

ITEM

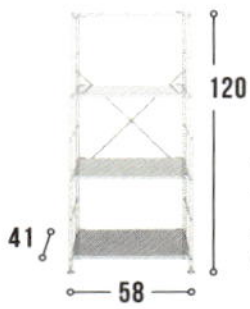

スチール
ユニットシェルフ
スチール棚セット
中・グレー

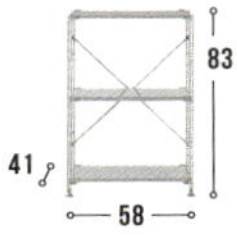

スチール
ユニットシェルフ
スチール棚セット
小・グレー

クローゼットと机用に、シェルフは2つのサイズを組み合わせています。将来、クローゼットが不要になった時、配置を変えてそれぞれ別の用途として使う予定。そのため、シェルフは連結せずに使っています。備えつけのクローゼットにも入れられるよう、幅58cmのものを選択しました。

動線の実例

大人の身支度動線

動線ポイント

1. 寝室のドアを開けた時、ドアの真後ろに当たるデッドスペース（壁面）に鏡を設置しました。

2. クローゼットのすぐ近くに鏡があるので、洋服を選びながら全身チェックできます。

BAD クローゼットから娘の部屋までは、かなり距離があるため行き来が本当に面倒でした……。

わが家の2階には子ども部屋にしか姿見がなく、私や主人が必要とする寝室にはありませんでした。そのため着替える時、私も主人もわざわざ娘の部屋まで行き、全身をチェックしていました。それが面倒で仕方なかったのですが、新たに鏡を設置するにはなかなか至らず……。理由は、寝室に姿見を置けるスペースがないこと。寝室にはダブルベッドと娘のベッドを並べ、4人で一緒に寝ているのでスペースの余裕がなかったのです。そこで取り入れたのが、壁につけられるタイプの鏡でした。

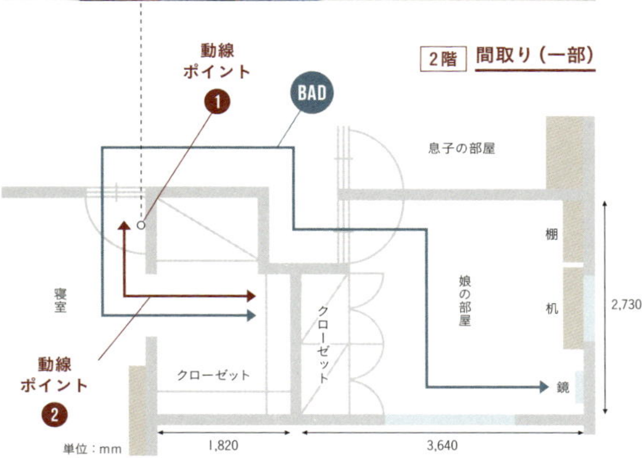

ITEM

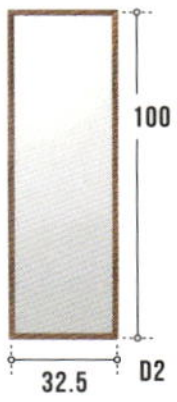

壁に
付けられる家具
ミラー・中
ウォールナット材

ドアやドアノブに当たらない厚みのもの、設置する壁面に対して大き過ぎないもの、空間との相性がいい素材・デザインのものという３つの観点で鏡を選びました。

D＝奥行き

動線の実例

家事＆掃除の動線

動線ポイント

1. モップはファイルボックスに入れて、ざっくり収納。出し入れがとてもスムーズなので、忙しい朝でも助かります。

2. 朝、起きたらまずクローゼットに向かい、モップを取り出します。寝室とモップの収納場所が近いのでラク。

3. モップを手に取ったら、家全体をモップ掛けします。

昼間、家の中のホコリはつねに舞い上がり、夜、人が活動していない間に何時間もかけて床に落ちるといいます。そのため、朝、家族が起きる前に家全体をモップ掛けすることが、ハウスダストを防ぐ一番の方法です。

そのことを知ってから私は朝、起きたらまず、寝室から家全体のモップ掛けをするようになりました。モップの収納場所は当然、出発点である寝室内が便利。かつ日々の生活のジャマにならない所を収納場所に選びました。

2階 間取り（一部）

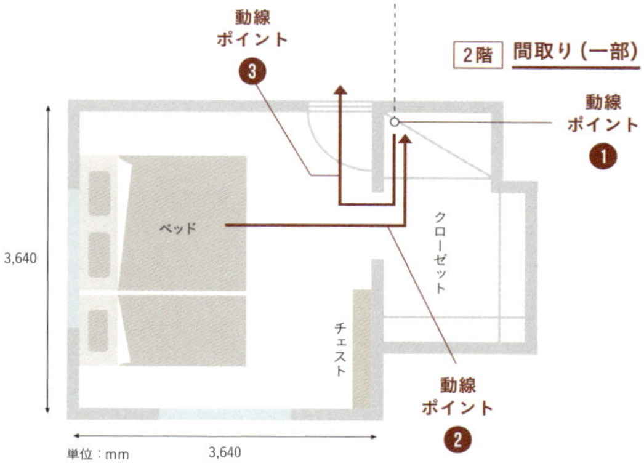

ITEM

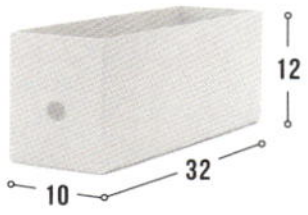

ポリプロピレンファイルボックス スタンダードタイプ ホワイトグレー・1/2

モップの収納にはコンパクトに収まるフタつきの専用ケースではなく、フタのないファイルボックスを選択。出し入れしやすさを優先して選びました（117ページ参照）。

EPISODE 11 使う人の目線

「何がいいのか」は使う人にしかわからない。

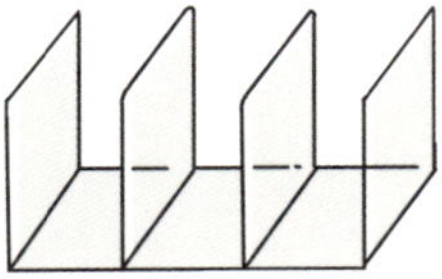

無印良品
アクリル仕切りスタンド
3仕切り

その人のために「良かれ」と思って
購入した家具や収納用品、実践した収納方法でも
実際、使う人にとってベストではないということがあります。
私自身、家族に「使いづらい！」と指摘されて初めて
気づくことがたくさんあります……。

えーと…
1時間目は さんすう…
2時間目 こくご…
チラ
時間割
入れ方 こだわってるなぁ
さんすう
そのまま机に入れて 上から使う順に！
私より 整理収納 得意かも…
よし！ あとはいらない！
ずこう
ガッ
ずこう
ゴッ
イラ イラ イラ…
も～ やだこれ！
キーーッ
ずこう
えっ 何が？

ここがジャマ！教科書がひっかかるの！
ココ
う、う〜ん そういわれても…
そもそもファイルボックスってそういうものだし…
整理収納の神様
ピーン
はっ
ひらめいた！
キッチン
ピュン
仕切りスタンド〜〜♪
キッチンで使ってたやつ！
無印良品
アクリル仕切りスタンド
3仕切り
テーテッテレー
どう？
入れやすい！
スッ
ラベルで入れるものをわかりやすくするともっと使いやすいね
ラベル作ろっか
愛用のテプラ（ラベルプリンター）
うん！つくるー
借りた本
習いごと
小学校

えーと、あとは…鉛筆削りだ！
無印良品
手動式
鉛筆削り
はい！
どうぞ
ゴリゴリ
ゴリゴリ
じっ
う〜ん…
電動に買い替えよっか？
なんかタイヘンそうだし…
ゴリゴリゴリ
やーだ！これでいいの！
電動は先が尖りすぎちゃうし、ガタガタになるから！
すぐ折れて書き辛い！
ガタガタになってイヤ!!
あ、そう？
う〜む
本人にしかわからないこだわりが…
頑張れいっちゃん！
ゴリゴリゴリ

EPISODE 11

使う人の目線

使う人にとってのベストを選ぶ。

姉弟でも収納の好みは別。さらに成長によって好きな収納は変わる……。
家族と接しながら、日々実感することがたくさんあります。

実例 娘のイス

Q どっちのイスがいい？

チェア（本体）
オーク材
※カバーは別売
写真はダークブラウン

ワーキングチェア
ガススプリング
昇降式

動かしづらく
高さが
変えられない

こっちが
いいよね

移動しやすく
高さも
変えられる

落ち着いて
座れる！

こっちが
いい！

クルクル
回ると
気が散る

娘の部屋をリニューアルする時、娘と一緒に無印良品のカタログを見ながら勉強机やイスを選んだのですが、イス選びで私と娘の意見が分かれました。

私はキャスターつきで高さの変えられるイスが良いと思ったのですが、娘は「そのイスだけはイヤ」と……。理由を聞くと「キャスターつきのイスは学校の先生が使っていて、座らせてもらったことがある。クルクル回るから絶対に遊んでしまう」とのこと。自分の性格をわかった上で、ものを選んでいるんだなあと感心し、使う本人の意見を尊重しました。

選んだのはキャスターつきではなく、安定感のある木材のイス。
ナチュラルテイストな娘の部屋に、しっくりなじんでいます。

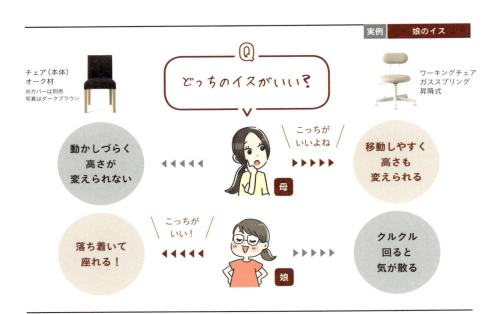

実例 娘の引き出し

Q

鉛筆はどっちの向きにして入れる？

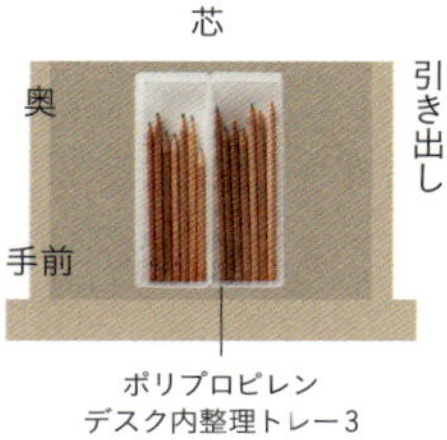

出し入れしにくい

こっちがいいよね

出し入れしやすい

何色かわかりやすい！

こっちがいい！

何色かわからない

芯を手前にして入れると、引き出しを奥まで出さなくても確認できます（下の写真）。「使っている本人にしか思いつかない収納方法ってあるんだな」と実感しました。

以前、娘と一緒に引き出しの鉛筆と色鉛筆を整理した時のこと。私は鉛筆の持つほうを手前にして整理トレーに入れたほうが、取り出しやすくて便利だと思っていたのですが、娘は芯のほうを手前にして収納。

無印良品の鉛筆や色鉛筆は本体が同じ木材で、芯を見ないとそれが鉛筆なのか色鉛筆なのか、何色の色鉛筆なのかがわかりません。そのため、持つほうを手前にして置くと「引き出しを奥まで出さないと確認できないから面倒」だと娘が言ったのです。私とはまったく異なる娘ならではの視点に感心しました。

スチール
アジャスターポール
太・M／シルバー

Q
しまう？
引っ掛ける？

ポリプロピレン
収納ケース・引出式
横ワイド・小

母

こっちがいいよね

分類できない ◀◀◀◀◀ ▶▶▶▶▶ 分類できてわかりやすい

息子

こっちがいい！

出し入れしやすい ◀◀◀◀◀ ▶▶▶▶▶ 引き出すのが面倒くさい！

息子のクローゼット

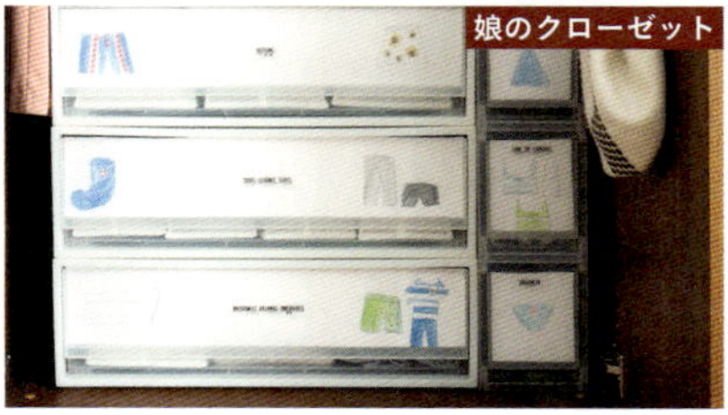

娘のクローゼット

引っ掛け収納にしてからは、息子は毎日、楽しそうに身支度するようになりました。「娘に合う収納が息子にも合うとは限らない」と実感した出来事です。

息子の部屋のクローゼットを見直した時、私は迷うことなく引き出しのケースを取り入れ、息子の服をトップスやボトムスなどジャンルごとに分類収納しました。娘のクローゼットを見直した時も同じようにして、「わかりやすい！」と娘が喜んでくれたからです。

ですが、息子は引き出しをうまく戻せないことがイヤで、自分で身支度をしなくなってしまったのです……。「このままではいけない」と、息子とよく話をして改めて収納を見直し。新たにアジャスターポールを取り入れ、洋服を引っ掛け収納にすることにしました。

実例 **娘のペンケース**

ポリプロピレン
めがね・小物ケース
スタンド式・大

Q
どっちのケースがいい？

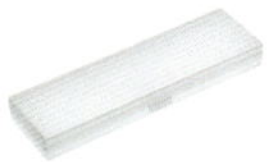

ポリプロピレン
ペンケース（横型）

出し入れがラク！

こっちがいい！

娘

出し入れがめんどう…

娘の色鉛筆はペンケースに入れて引き出しに収納し、息子の色鉛筆は面倒くさがりな性格に合わせてめがね・小物ケースに出しっぱなし収納。ところが、息子の収納を見た娘が「こっちのほうがいい！」と言い出したのです……。その時々で、好きな収納は変わるんだなと実感しました。

めがね・小物ケースの本体に長い色鉛筆を、フタに短くなった色鉛筆を収納しています。

実例 **夫婦のゴミ箱**

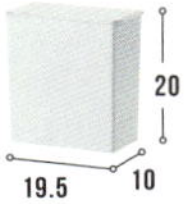

ポリプロピレン
ごみ箱・角型
袋止め付・小
※フタを外して使用

Q
どっちのゴミ箱がいい？

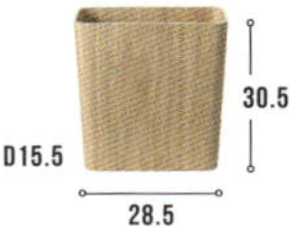

木製ごみ箱
袋止めワイヤー付
オーク材突板・角型

コンパクトでスッキリ！

こっちがいいな

夫

大きくてジャマになる

以前まで寝室とクローゼットで使用していたゴミ箱は、少し大きめのものでした。クローゼットの入り口に置いていたのですが、足にぶつかったりチェストにぶつかったりしたため、主人に「これじゃないほうがいい」と言われ……。さっそく、コンパクトなゴミ箱に替えました。

クローゼット内に置いてもジャマにならず、コンセントに被らないサイズのゴミ箱です。

EPISODE 12 ラクな収納・美しい収納

「面倒くさい収納」はイタズラ防止になる。

使う人にとって「面倒くさい」と思う収納は
好ましくないので見直す必要がありますが、
逆に、その収納方法の特徴を生かして
トラブル防止につなげるという応用も利きます。

もしや…
キャッ
キャッ
リビング
キャッ
キャッ
あ～…
やっぱり～
おもちゃと一緒に出しちゃったかぁ～
キラキラ…
電池入れ
おもちゃ入れ
でも、電池もおもちゃも収納場所は変えたくないんだよね～…
使う場所から近いし…
趣味・ビジネス雑誌
住宅関連の本
小さいサイズの本
書類
取扱説明書
生活雑貨やストック類
自分の資格勉強のもの
子どもの思い出のもの
娘 おもちゃ
息子 おもちゃ
掃除関係のもの
エプロン&バンダナ
娘と息子が1階で遊ぶ用のおもちゃ
子どもが自分で出し入れしやすい高さに!
自分が仕事で関わった雑誌(掲載誌)
キッチンやダイニングで使う細々した生活雑貨
接着剤
フック
無印フック
筆ペン
特種なマジック
小さい紙リング
傷防止フェルト
封筒
マジック
写真用ペン
クレヨン
シール
電池
テープ
輪ゴム・楊枝
よく使うものなので、すぐ出し入れできる場所に!

どうにかしないとな〜
ん？
ポツン
あっ　これ　いっちゃんのおもちゃ！
手芸セット
手芸セットなくなったー!!
しゅうちゃんのほうに混ざってたんだ
しゅうちゃんは面倒くさがりだから
こういうのに入ってると、開けてまで遊ばないんだよね
誰に似たのかしら…タハハ
○ 置くだけの
ノーアクション収納
✕「開ける」「閉める」などの
アクションが発生する収納
めんどう〜
…はっ　そうか！
キラ
キラ
整理収納の神様
「面倒くさいと出し入れしない」ってことは…
あえて面倒くさい収納にすればいいんだ！
ナイスアイディア
パチーン

後日…
フン フ〜ン♪
おもちゃを取りにきた
トト
電池の種類ごとにケースに行れて収納
キッチリ
ボタン電池
単2電池
単3電池
単4電池
無印良品ポリプロピレンペンケース
よしっ!!
♪
プイッ
イタズラ防止作戦大成功〜〜♪
わかりやすいやつめ〜
ニシシ
面倒くさがり には…
引き出しを引く
ケースを手に取る
フタを開ける
このアクションがイタズラを防ぐ!
大成功♪

EPISODE 12

ラクな収納・美しい収納

性格に合わせた収納方法にする。

同じものを収納する場合でも、使う人の性格に合わせて収納方法は変わります。
「美しい収納」に憧れても、ずぼらな性格なら「ラクな収納」じゃないと維持できません。

文房具

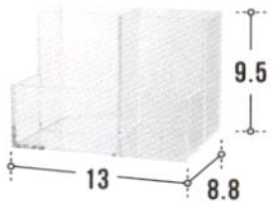

アクリル
小物スタンド

面倒くさがりな息子でも自分で出し入れできるように、ざっくり入れるだけの収納に。

EASY!

ラクな収納

「すぐ取れる」「入れるだけ」「パッと見てわかる」など、必要なものを出し入れする時のアクション数が少なく、見ためよりわかりやすさを優先した収納方法。

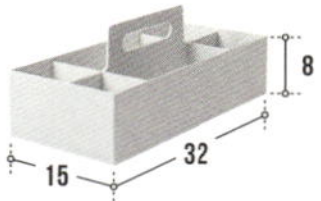

ポリプロピレン
収納キャリーボックス
ワイド・ホワイトグレー

使いたいものを厳選して、場所を選ばず持ち運べるアイテム。ざっくりと分類収納もできます。

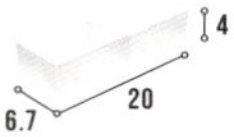

ポリプロピレン
デスク内
整理トレー3
etc.

ポリプロピレン
ケース・引出式
横ワイド・薄型
ホワイトグレー

引き出しの中は整理トレーで分類を。ものの定位置を作るほうが、片づけやすくなります。

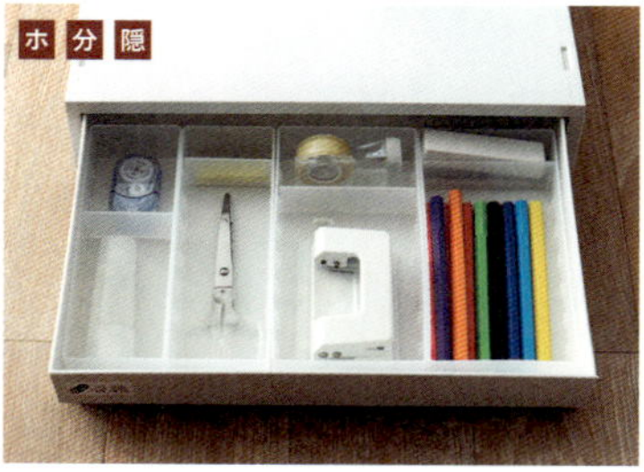

BEAUTIFUL!

美しい収納

「扉を開ける」「フタを閉める」「引き出しを引く」など、出し入れのアクション数が多く、部屋が美しく見えるように工夫した収納方法。

ホ ホコリかぶりなし　分 分類して選びやすい　隠 隠せてスッキリ　見 見た目がキレイ

食品ストック

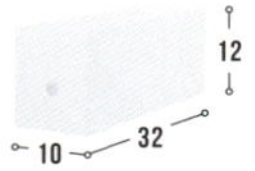

ポリプロピレン
ファイルボックス
スタンダードタイプ・1/2

中身が見える×ざっくり入れるだけで、とにかくラクに出し入れできる収納です。

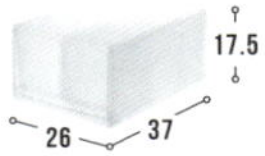

ポリプロピレン
ケース・引出式
深型・2個（仕切付）

キレイに収納できる仕切り板つきのケースは、片づけがニガテな人にもおすすめです。

液体とニオイが漏れない
バルブ付き密閉ホーロー保存容器
深型・中

見ため美しく＆子どものいたずらを防止したい場合は、中身の見えない容器に詰め替えて。

EASY!

BEAUTIFUL!

メイク用品

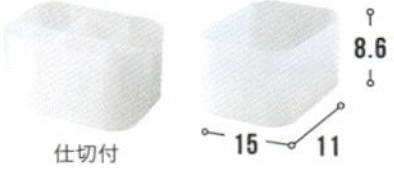

ポリプロピレン
メイクボックス
1/2横ハーフ

大きい収納用品だとアイテムが立てられず、中身がグチャグチャになるので小さいものが◎。

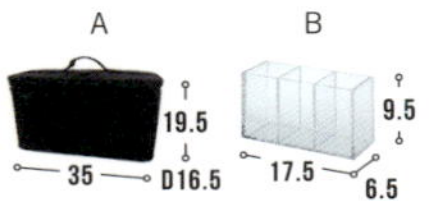

A. ナイロン
メイクボックス・L
B. 重なるアクリル
仕切付スタンド
ハーフ etc.

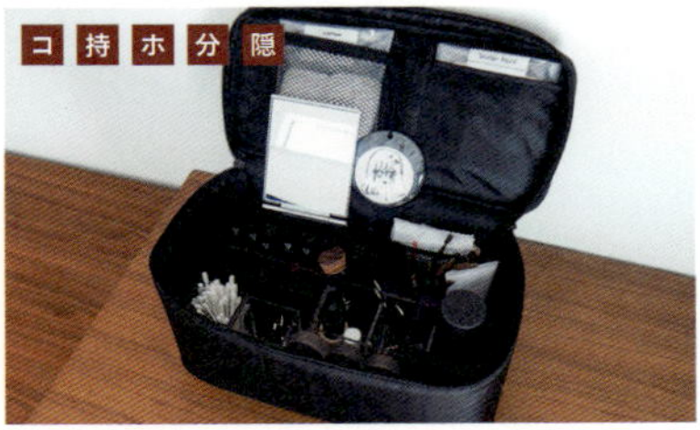

持ち運びできるメイクボックスにアクリルスタンドを入れ、分類して立てる収納に。

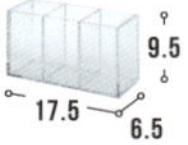

重なるアクリル
仕切付スタンド・ハーフ etc.

アイテム数が多い場合は、細かく仕分けして引き出しに入れると選びやすくなります。

出 出しっぱなしでラク　ざ ざっくり入れるだけ　透 透けて探しやすい　コ コンパクトにまとまる　持 持ち運びしやすい

ケア用品

EVAケース
ファスナー付
B6

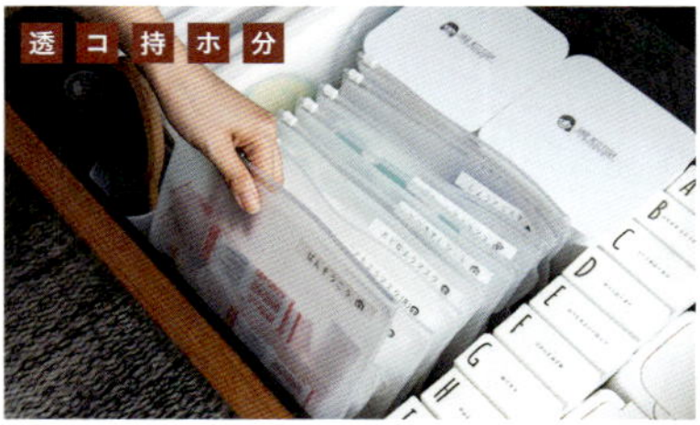

ワンアイテムごとにケースに入れると探しやすく、引き出しや棚の中にコンパクトに収まります。

ポリエステル
吊るせるケース
着脱ポーチ付 黒

場所を問わずよく使うアイテムを厳選して収納。フックがついているので引っ掛け収納もできます。

ポリプロピレンケース
引出式・横ワイド・薄型
ホワイトグレー

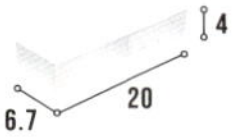

ポリプロピレン
デスク内整理トレー3
etc.

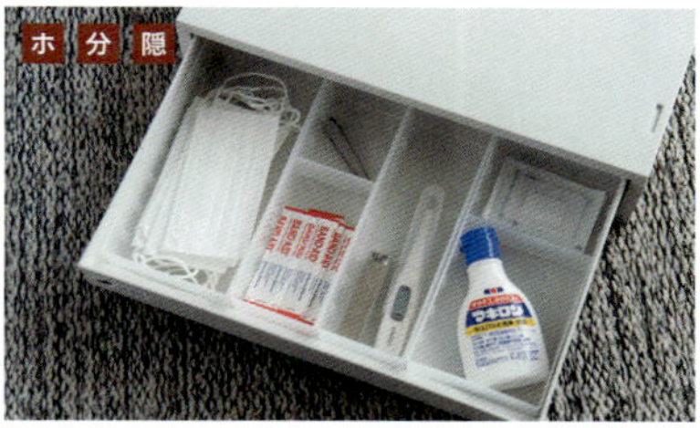

「引き出し×整理トレー」の王道の組み合わせ。定位置があると、片づけが本当にスムーズ。

EASY!

BEAUTIFUL!

おもちゃ

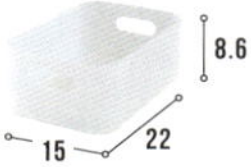

ポリプロピレン
メイクボックス・1/2

収納場所に合わせて、重ねたり横に並べたりできるメイクボックスはとても便利。

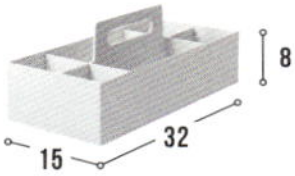

ポリプロピレン
収納キャリーボックス
ワイド・ホワイトグレー

子どもが持ち運ぶための収納用品は、軽くて安心して使えるポリプロピレン素材がGOOD。

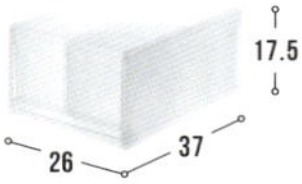

ポリプロピレン
ケース・引出式
深型・2個（仕切付）

取り外しできる仕切り板を活用して、おもちゃの大きさや種類に合わせて分類収納。

ホ ホコリかぶりなし　分 分類して選びやすい　隠 隠せてスッキリ　見 見た目がキレイ

キッチンツール

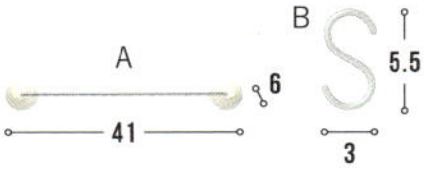

A. アルミタオルハンガー 吸盤タイプ
B. アルミ S字フック・小

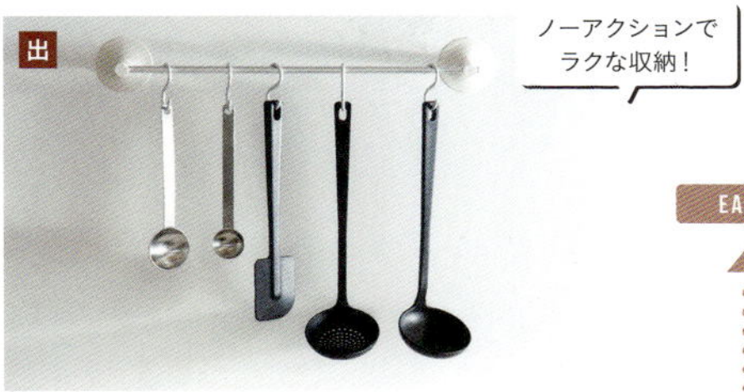

よく使うものは引っ掛け収納にすると、使うときがラク。ハンガーにフックで引っ掛けています。

磁器ベージュ キッチンツール スタンド

よく使うものを厳選してスタンド収納。重さのある容器にしないと倒れるので注意。

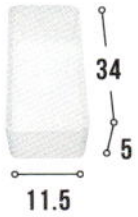

ポリプロピレン 整理ボックス4 etc.

引き出しに平置きする場合は、整理ボックスを使って分類すると出し入れしやすくてラクです。

EASY!

BEAUTIFUL!

アクセサリー

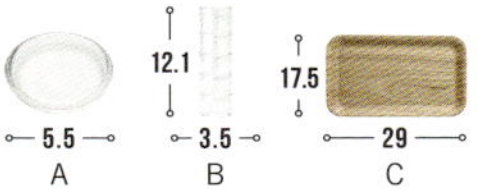

A. ガラス小物トレー
B. アクリル 小分けケース・5段
C. 木製トレー タモ

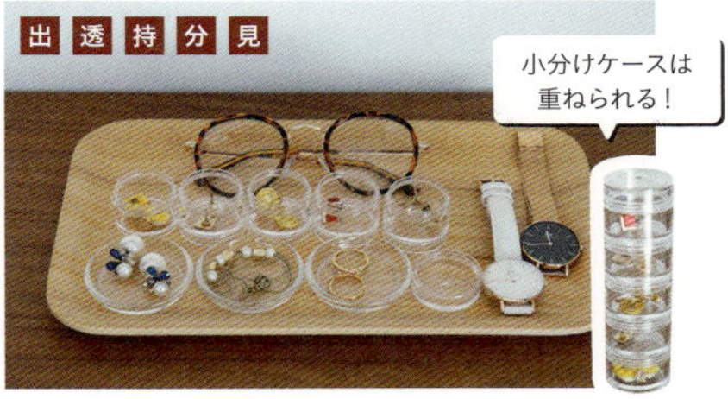

アクセサリーを1組ずつケースに入れ、トレーにまとめて。アイテム数が少ない人におすすめです。

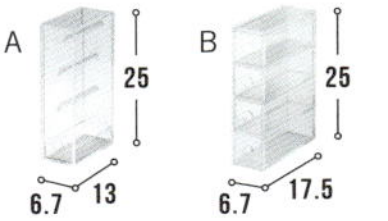

A. アクリル ネックレス・ピアススタンド
B. アクリル メガネ・小物ケース etc.

アクセサリーをディスプレイして、「見せる収納」を楽しみたい人はアクリル素材がおすすめ。

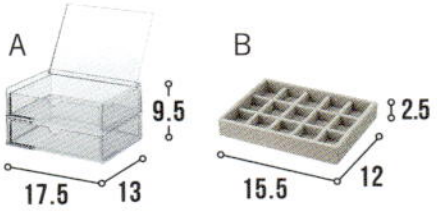

A. 重なるアクリルケース 2段フタ付引出 etc.
B. アクリルケース用 ベロア内箱仕切 格子・グレー etc.

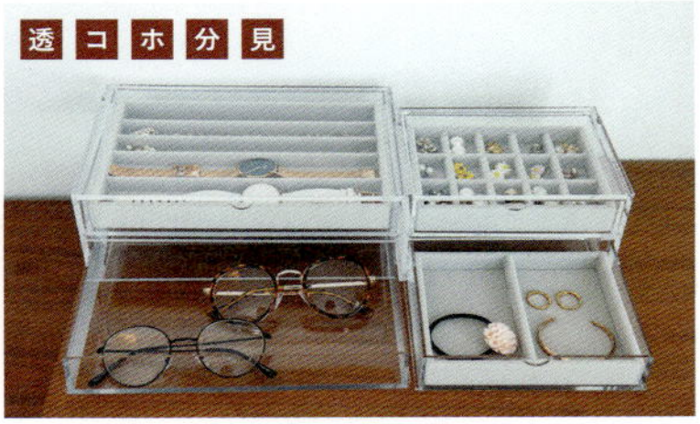

絡まったり迷子になったりしがちなアクセサリーも、仕切りを生かしてきっちり分類。

出 出しっぱなしでラク　ざ ざっくり入れるだけ　透 透けて探しやすい　コ コンパクトにまとまる　持 持ち運びしやすい

EPISODE 13 見せる収納

しまい込むのではなく
飾りながら収納する。

収納するスペースをこれ以上、増やせない。
床に置くと危険だし、ジャマになる……。
そんな時、効果的なのが壁面やオープン棚を使った収納。
最近、わが家でも壁につけられる家具を導入しました。

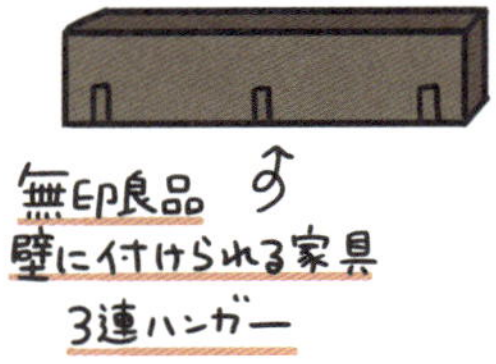

いや この家、お客さんの 上着を掛ける 場所がないなって
あー そうねぇ
ハンガーラック 買ったら？
ん
存在感！
スペース 取られるのイヤだし…
そう？
絶対危ないし…
グラッ
ドン
キャー
ドタ
ドタ
それは そうね…
じゃあ 壁に取りつける やつは？
はっ
それだ!!
無印良品 壁に付けられる家具 3連ハンガー
前、無印で ステキなの 見た!!

あっ
でも
壁に取りつけるということは…
トントン
あっ
お母さん
いらっしゃい〜
ちょうど
いい
ところに…
フフ…
ジリ…
ジリ…
ホホホ
えっ何…!?
※夫のOKも出た
後日
ウフフ
なにを掛けても絵になる…
よかったわね〜
ストールもかけとくね
来客時以外には家族で使えるし♡
…
使いやすいな〜
お母さんの脱ぎっぱなしもなくなったしね!
えっ

だってお母さんいつもソファに脱ぎっぱなしだったじゃん!
♪〜
バサッ
えっ
そう…?
アラ…
いやだって〜…何回も外出する日は2階のクローゼットに戻すの面倒だし…
ごにょ
ごにょ
ごにょ
整理収納アドバイザーなのに〜
ニシシ
ばぁば〜
早くあそぼ〜
はいはい
そういえばこれを設置してからここに無意識に掛けてたな…
わ〜
ドタバタ
というかおしゃれだからかけたくなる…
もともと面倒くさがりでずぼらな私だけど
FAVORITE!!
「お気に入り」だと使いたくなるんだ♪
うわ〜ん
ギャー
あっコラ
やめなさ〜い

「見せる収納」はインテリアにもなる。

収納が少ない場合は、フックや壁につけられる家具を取り入れるのも効果的。
「見せる収納」は出し入れのしやすさと、掃除のしやすさにも気をつけたい場所です。

①
収納物の重さ

重くて耐えられないものは当然NG。購入する際に耐荷重をチェックしましょう。

②
収納物の量

収納するものが多過ぎると出し入れしづらく、見ためも悪くなってしまうので要注意。

③
収納物のサイズ

収納した時、動線や避難経路のジャマになるような大きさのものは避けましょう。

④
使う人に合わせた高さ

出し入れしやすい「腰から目線の高さ」に収納物がくるよう、家具やフックを配置します。

⑤

設備との相性

コンセントやスイッチの場所を考えて配置し、暮らしの妨げにならないように。

⑥

間取りとの相性

収納物や家具自体が、部屋の風通りと視界を遮ってしまうような場所への配置はNG。

⑦

メンテナンスのしやすさ

見せる収納はホコリかぶりするため、掃除しやすい配置場所や設置方法を考慮します。

⑧

家具の色・素材

あえてアクセントにする場合を除いて、部屋に自然となじむような色や素材を選びます。

もともと息子のおもちゃは透明の収納ボックスに写真ラベルを貼り、わかりやすく収納していました。ですが、なぜか「あるもの」だけはいつも出しっぱなしになっていたのです。それは、息子が特に気に入っていたおもちゃ。理由を聞くと、「大好きなものはしまい込まないで、いつも目につく場所に置きたい」とのこと。そこで、以前からあった壁面収納を使って作り上げたのが、上のギャラリーのような「見せる収納」です。

見せる収納はホコリかぶりするというデメリットがありますが、居住スペースを圧迫せず収納量を上げることができるというメリットも。どんな収納にも言えることですが、その収納のメリットとデメリットを知った上で、採用する・しないを決める必要があります。

EPISODE 13

見せる収納

なんちゃって収納＆インテリアの作り方。

ずぼらさんでも面倒くさがりでも、誰でも見栄えよく飾れるコツがあります。
ちょっとした部分を意識すればOK。センスなんていりません！

この仕事をしていると、「整理収納ってセンスが必要ですよね」「センスがないから素敵な部屋作りができません」という相談をよくいただきます。そんな時、私がいつもお伝えするのは「センスなんて必要ないですよ。コツさえつかめば、誰でも素敵な収納・素敵な空間を作れます！」ということ。

　私自身、センスなんてまったくありません。ただし、ちょっとしたコツで整って見える〝なんちゃって収納〟や、素敵に見える〝なんちゃってインテリア〟が作れると日々、実感しています。どれも、今すぐできるカンタンなものばかりなので、ぜひ楽しみながら試してみてください。部屋の雰囲気がガラリと変化するのを感じるとともに、「センスなんて必要ないのね！」と気づくはずです。

なんちゃってインテリア

⑥ 左右対称にする

棚に置く場合も壁面に飾る場合も、ものが左右対称になるよう配置するとキレイです。

⑦ 三角形を意識する

棚に置く場合も壁面に飾る場合も、中央が高くなるように配置すると安定感が出ます。

⑧ 余白を作る

ものをギュウギュウに詰めず、余白を残すようにして配置するとスッキリした空間に。

⑨ カラーを決める

ベースカラーやアクセントカラーを先に決めるとコーディネートしやすくなります。

⑩ 植物を置く

グリーンを入れると部屋が明るくなります。葉が落ちるのが気になる場合は造花でもOK。

なんちゃって収納

① 大枠を決める

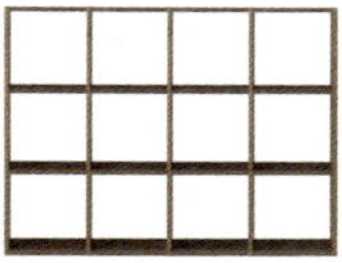

まずは大枠（フレーム）となる家具を決めてから、細かな部分の収納や配置を考えます。

② 面を合わせる

本やアルバムの収納は、背を一直線上にそろえて凹凸にならないようにするとキレイ。

③ 高さをそろえる

本や雑誌は高さが同じものでそろえるとスッキリ。背の順にして並べても美しく見えます。

④ 隠す

来客時はファイルボックスを裏返すなど、雑然とするものが目に入らないようにします。

⑤ 色を統一する

シェルフなら一枠ごとに収納用品や収納するものの色を統一すると、まとまりが出ます。

EPISODE 14 デッドスペース

目につかない場所に置くと「不要なもの」になる。

家の中で、目につかない場所はありますか？
特にデッドスペースは見せたくないものを収納するのにもってこいの場所と思いがちですが、
奥のほうにしまい込んで存在自体を忘れてしまったら、
それはただスペースを占領しているだけの不要なものになってしまいます。

ん〜…
本が増えて
部屋が圧迫されると
娘が過ごし
づらくなる
本を読むことは
良いことだし
増やしちゃダメ
とは言いたくない
ん〜
!
じゃあ
これ全部
「よく」
読む本?
え〜と
このへんは
よく読むけど
他は時々…
じゃあ…
2列にしてみる?
そうすれば
今の倍入るよ
たまに
読む本
よく読む本
おまじない
うらない 100
なぞときクイズQ
おおっ
お母さん天才!
さっそく
やってみる!
ゴン
ゴン
〜♪
見て♪
下の段
空いたよ!
まだまだ
入る〜♪
いいね〜

でもね、これ後ろの本をもっと見やすくできるよ
どうすればいいか分かる？
？
わかんない…
ヒント！
じゃん♪
これを使ってごらん♪
無印良品 ポリプロピレン メイクボックス 蓋付（小）
私の部屋で余ってたボックス…？
フフフ…
正解は…
ゴソゴソ
こうでした！
手前の本を戻してみてごらん
じゃん！

おおっ
!
見える収納で「本の存在を忘れる」ことを防ぐ!
全部見えるー!!
名づけて集合写真収納!
いっちゃんも台に乗ったことあるでしょ
あれと同じよ♪
なるほど!
奥のボックスをヒミツのものの隠し場所にしてもいいよね
ウフフ
しゅうちゃんに触られたくないものとか
ヒソヒソ
!
わ～い 棚も1つあいて
ヒミツの隠し場所までできちゃった～♪
ウキウキ
フフフ
後日
へそくり入れになりました!
お年玉

EPISODE 14

デッドスペース

「存在を忘れる収納」にはしない。

「いつの間にか、存在を忘れてしまっている」というものは、ありませんか？
その原因の多くは、奥に入り込んだり重なったりしてものが見えなくなっていることにあります。

キッチン

ポケット使いで 分類＆スタンド収納

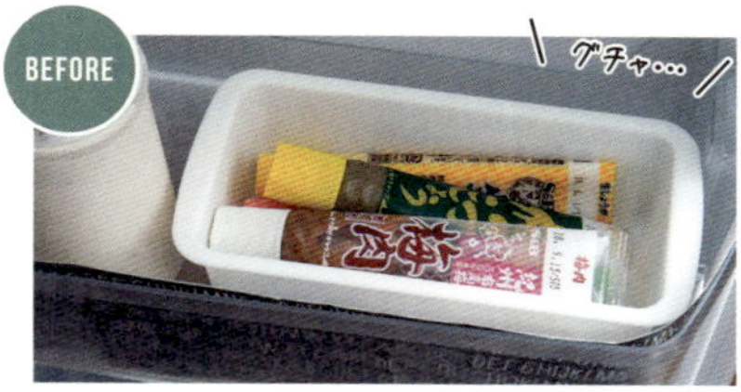

生しょうがや生にんにく、わさびなどのチューブ類をケースに入れてひとまとめ。重なって見えないものがある状態でした。

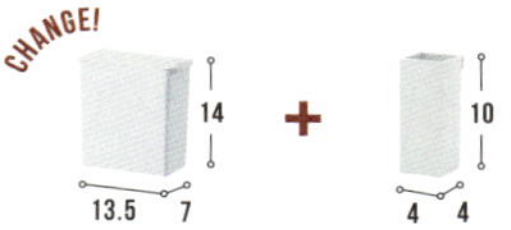

ポリプロピレン
ごみ箱・角型・ミニ
（約0.9L）

＋

ポリプロピレン
ファイルボックス用
ペンポケット

ポリプロピレンのゴミ箱にペンポケットを引っ掛けて、チューブを1つずつ入れました。中央はコーヒーミルク入れに。

冷蔵庫にそのまま入れても、中身がよく見えて探しやすい状態です。冷蔵庫を開けた時、見える場所にラベリングしました。

子ども部屋

奥のものでも見える！ 集合写真収納

「本はここに入るぶんだけ持つ」というのがルールだけど、ほしい本がたくさんあってこれ以上、入りません……。

シェルフの奥行きを生かして、本を手前と奥の2列に変更。収納量が2倍になりました。

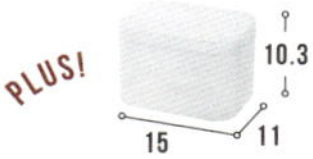

ポリプロピレン
メイクボックス・蓋付・小

奥にある本のタイトルが見えなくなったので、フタつきボックスの上に置いて「集合写真収納」に！

※メイクボックスに重いものを乗せないように注意

キッチン

扉だけじゃなく 引き出しにも使える！

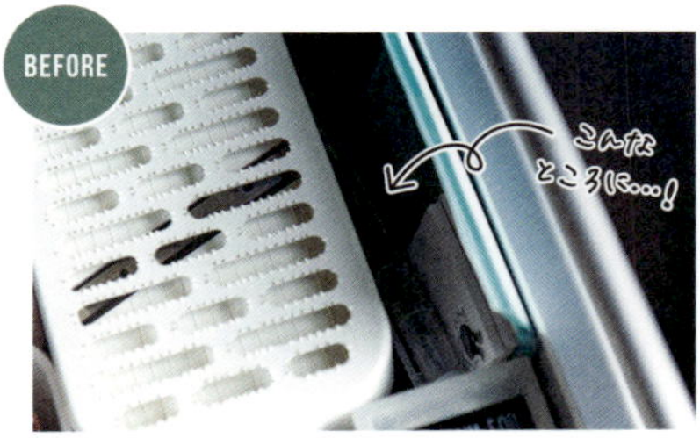

賞味期限の記入に使うペンを引き出しに収納していたのですが、他のものに紛れ込んで取り出しづらく、イライラ……。

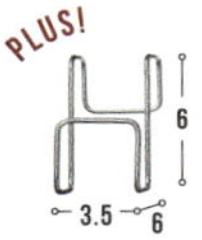

ステンレス
扉につけるフック

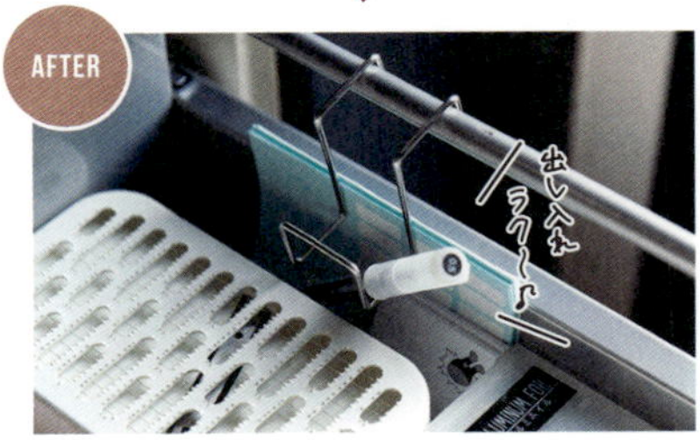

引き出しにフックを取りつけ、ペンを引っ掛け収納。これで行方不明になることはありません！

キッチン

手前と奥に分けず まとめて引き出しに

食器棚の空間を手前と奥に分けて収納。使用頻度の低いものを奥に置いていたのですが、目に入らずいつの間にか使わなくなっていました……。

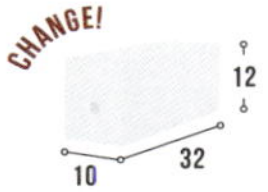

ポリプロピレン
ファイルボックス
スタンダードタイプ・1/2

奥行きのあるポリプロピレンのファイルボックスに変更して、使う時は引き出す収納に。粉物や乾き物は袋のまま入れるだけなのでラクです。

家の中が片づかない原因の多くは不要なものが増えることですが、必要なものたちが家の中を少しずつ散らかす場合もあります。それは奥に入り込んだり、重なったりして「存在を忘れられたもの」が、知らず知らずのうちに収納スペースを圧迫しているときです。

　たとえ必要なものであっても、存在を忘れてしまった時点でそれは「不要なものの予備軍」へと変わってしまいます。だからこそ、私は「存在を忘れないための収納」を心掛けて日々、収納を見直しています。

　大切なのは、そのものを「見える化」すること。透明な収納用品を使ってひと目でわかるようにしたり、奥にあるものでも高さを利用して収納し、見渡せるようにしたり……見える化するための方法は色々あります。

デッドスペースを使いこなす。

「存在を忘れる収納」は避けつつも、やはりデッドスペースは生かしたいもの。
来客の目に触れたくないもの、見えると煩雑な印象になるものはデッドスペースを利用した収納を。

ベッド下収納を2つ入れるとフレームにぴったり。ベッド下の空間をたっぷり使えます。

ベッドフレーム
シングル・オーク材

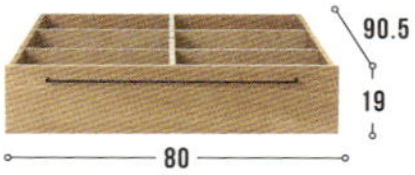

ベッドフレーム下収納
大・オーク材

収納のないタイプのベッドは、下の空間を自由に使えます。キャスターつきの引き出し収納は出し入れがスムーズなのでおすすめです。

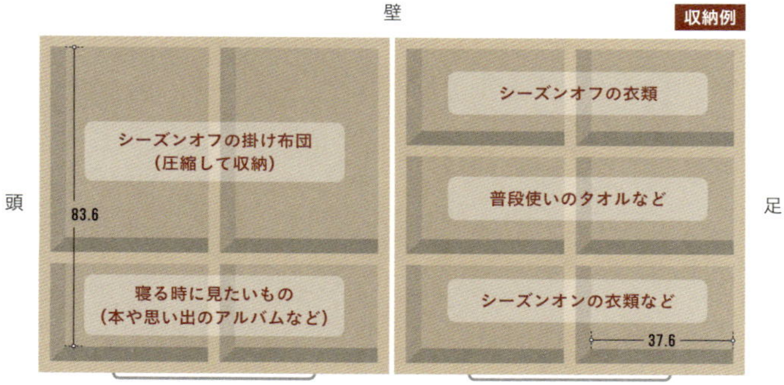

向いている部屋

引き出しを引く空間の余裕がある部屋

向いている人

すのこやマットレスを上げ下げするのが面倒な人

仕切りを生かせば、衣類もジャンルや使用頻度に合わせて分類収納できます。

ベッドフレーム＋ベッドフレーム下収納の組み合わせは、引き出しタイプなので出し入れがラク。開け閉めの頻度も高くなり、結果的に換気もよくできます。

引き出しの仕切りを生かして、使用頻度別・アイテム別など、ものをわかりやすく分類収納することも可能。一番、取り出しやすい頭側かつ通路側には、上図のようにベッドに寝転がりながら読みたい本などを収納するのがおすすめです。

収納ベッド（収納つきベッド）のメリットは、置き場に困りがちな長いものや、引き出しには入れられない重さのあるものを収納できること。

ただし、手前は2つの引き出しになっているので出し入れもラクなのですが、奥はマットレスやすのこを上げないと出し入れできないため、使用頻度の高いものは収納できません。

わが家でも収納ベッドを使用。季節家電や大きなラグを収納しています。

上図

奥（壁側）に収納したものは、マットレスとすのこをどかして上から取り出します。手前は引き出し式なので、出し入れがスムーズ。

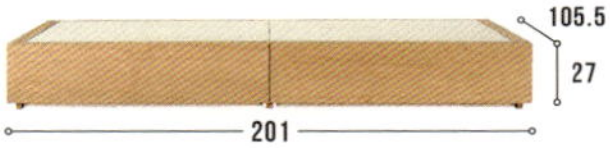

収納ベッド
シングル・オーク材

サイズの大きなものを収納できるので、家の中の片づけの強い味方となってくれます。

向いている部屋

引き出しを引く空間の余裕がない部屋

向いている人

マットレスやすのこの上げ下げが面倒ではない人

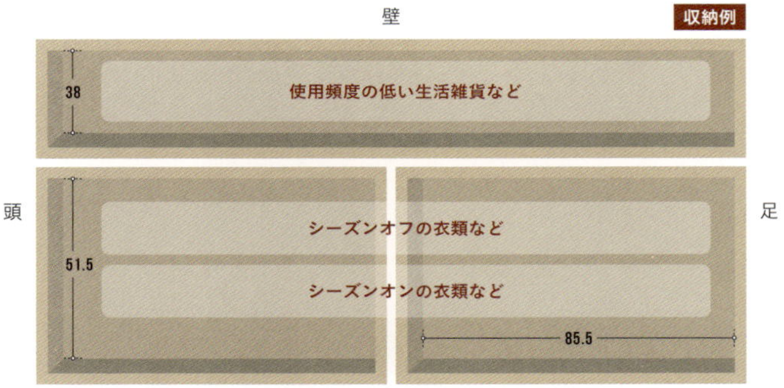

デッドスペースの代表格といえば、ベッド下収納です。ベッド下収納は、マットレスやすのこに吸収された人の汗が湿気の原因となり、実は家の中でも特にカビが発生しやすい場所。湿気対策として除湿剤を利用することももちろん大切ですが、一番のポイントは「換気」です。

換気をするには、頻繁に開け閉めをして空気を通す必要があります。つまり、ベッド下に収納するのに最適なものは、よく出し入れするもの（使用頻度が高いもの）。ベッド下というと、どうしても使用頻度の低いものを収納しがちですが、それだと開け閉めが少なくなり、湿気が溜まってしまいます。シーズンオフの衣類や布団を収納したい場合は、定期的に取り出して換気をすることが大切です。

EPISODE 15 カスタマイズ

愛用品に囲まれると ものの増加は防げる。

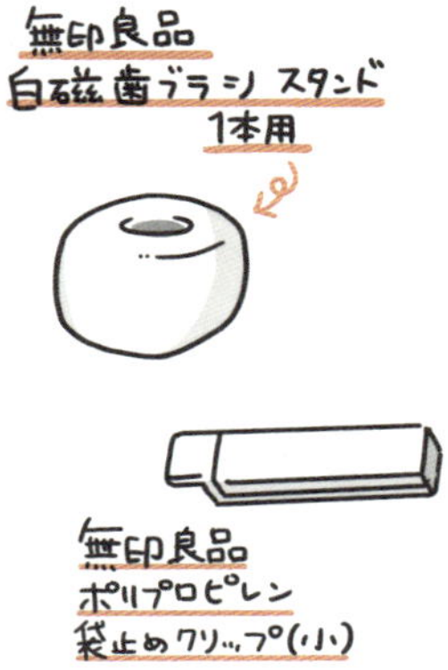

「これじゃなきゃダメ」という愛用品が
それぞれのご家庭にもきっと、あると思います。
私も、お気に入りのものに囲まれた部屋になるように
大好きな無印良品のアイテムをカスタマイズして
自分だけのオリジナルグッズを作っています。

お、歯ブラシスタンド新しくしたんだ
シンプルでいいね！
無印良品
白磁歯ブラシ スタンド
1本用
ラベルでカスタム♪
うん、無印にいいのがあったの♪
ラベルが映えるでしょ♡
実はもうひとつ、カスタマイズしたのがあるんだけど〜〜
見たい？見たいよね？
う、うん
キッチン
こっちこっち
パカ
じゃ〜ん!!
ん…あ！コレ？
Just do it.
I love you.
正解！

無印のクリップにラベルを貼ったんだ〜♪
Thank you.
無印良品
ポリプロピレン
袋止めクリップ(小)
でね…
裏は日本語！
ありがとう。
くるっ
おお〜いいね
子どもが使いながら覚えられる
カスタマイズすると愛着がわくよね♪
だから大事に使うし余計な物も増えない♪
あれ、前に使ってたやつは捨てたの？
いっぱい残ってたよね
あ…あれは全部しゅうちゃんが壊したんだ…
キャッキャッ
ガシャーン
相変わらずやんちゃだな…
でもね、これだと…
トタトタ…
POTATO
お菓子もういらないの？
うん
じゃあ、はい！

どういう意味なの？
？
I have a dream.
「私には夢がある」だよ♪
おっ しゅうちゃんの夢は？
スパイダーマンになる!!
パチン
ゴソゴソ
POTATO
よいしょ
お菓子入れ
タタタ
ね！このクリップだと大事に使ってくれるんだよね～♡
ほんとだね～！
スゴイ！
はい！おかあさんにはこれ！
Good job!
フフフ

EPISODE 15

カスタマイズ

カスタマイズして、お気に入りにする。

シンプルなデザインなので、自分流にアレンジしやすいのも無印良品の魅力。
収納しているものが何かわかるよう、印もつけやすいので助かります。

ポリプロピレン
メイクボックス・1/2

貼る

シンプルな無印良品の収納用品と、多種多様な100円ショップのデコレーションアイテムは相性バツグンです。

ポリプロピレン
ブラシ・ペンシルスタンド

紙を挟む

ポリプロピレンの半透明を生かし、かわいい模様の折り紙を内側に入れてアレンジ。模様がうっすらと透けてかわいい。

ポリプロピレン袋止めクリップ
大／小 各5個入り

貼る

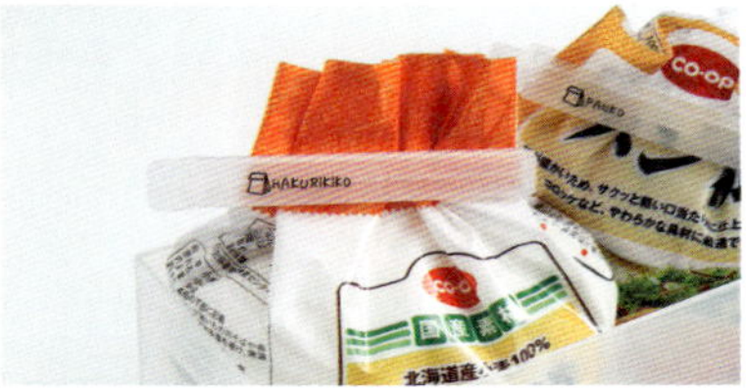

袋止めクリップに、収納しているものの内容を記したラベルを貼っています。

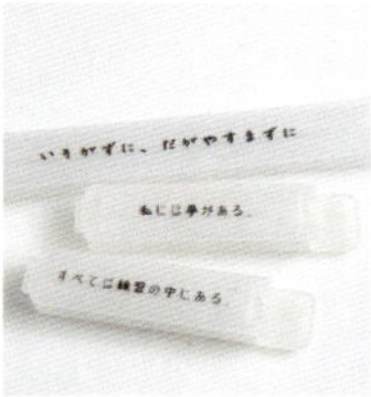

日本語の裏には、同じ意味の英語ラベルを。子どもが英語を覚えることもできるのでおすすめ。

私は「ものを捨てる」ということがとてもニガテなので、捨てずに済むよう「ものとのつき合い方」に気をつけています。

何かを家の中に取り入れる時は、そのものが今の自分や家族にとって本当に必要なのか、心から気に入ったものかどうかを必ず確認します。お気に入りであればあるほど長く愛用し、結局はものの増加を防ぐことにもつながります。

さらに愛着がわくよう、カスタマイズするのも好きです。無印良品の生活雑貨は機能性だけでなく、シンプルなデザインも特長。ラベルを貼ったり紙を挟んだり、ちょっとしたひと手間で「世界にひとつだけのもの」にアレンジしやすいのも、私が無印良品を愛用する理由のひとつです。

つける

スチールユニットシェルフ
追加用帆布バスケット
グレー

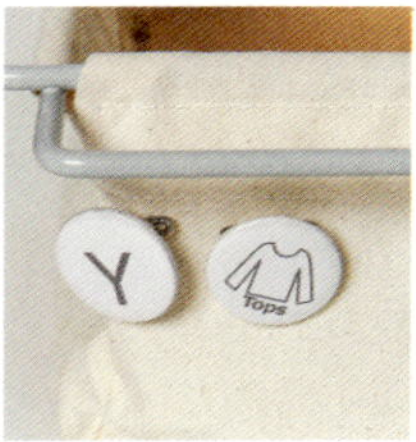

クローゼットで衣類の収納に使っている布製バスケット。収納しているものの絵柄と、持ち主のイニシャルの缶バッジをつけています。

描く

ポリエステル綿麻混
ソフトボックス
長方形・大

布製の収納用品であれば、刺繍をしてもかわいいです。当日、購入した布製の商品に刺繍してくれる無印良品の刺繍工房（有料）を利用してもよいでしょう。

貼る

自立収納できる
キャリーケース・A4用
ホワイトグレー

キャリーケースの中に整理トレーを組み合わせて入れ、細々した釣り道具を分類して収納。

ポリプロピレン
デスク内整理トレー2

ポリプロピレン
デスク内整理トレー3

↓

ケースの表面にシールを貼って賑やかに。飾る収納として部屋のアクセントにもなります。

収納用品の中に何が入っているのかがわかるよう、印をつける方法があります。ラベルを貼ったりタグをつけたり、イラストや文字を描いたり……その方法は色々ですが、収納用品がシンプルだと印がつけやすく、映えて見やすいのでとても助かります。

167ページにかけて、印のつけ方をいろいろと紹介しています。収納用品の形や素材、収納場所によって適した印のつけ方も変わるので、ご家庭に合った方法を選んでみてください。

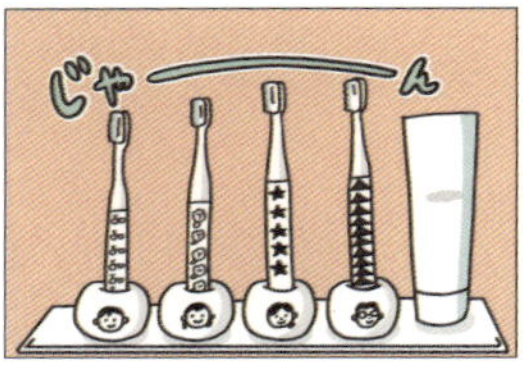

印をつけると、何を戻すべき場所なのかがわかりやすいだけでなく、誰のための収納場所なのかも明確になります。

つける

布製やワイヤーなど、文字を書いたり
ラベルを貼ったりしにくい素材のものには
タグやクリップをつけるという方法も。

タグをつける場所がない収納用品はクリップやフックを引っ掛け、そこにタグをつけています。

ステンレス
ひっかける
ワイヤークリップ

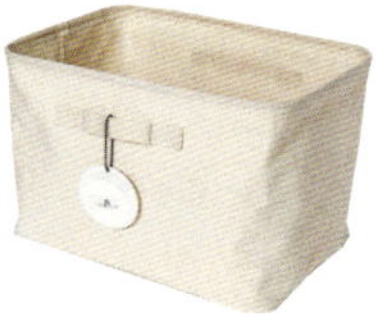

取っ手つきの収納用品は、取っ手の部分を利用してタグをつけるのもアリですね。

ポリエステル綿麻混
ソフトボックス・長方形・中

玄関で使っている卓上ほうき。ラベルプリンターで「Let's clean up」という文字を印刷したボタンつきリボンをくくっています。

卓上ほうき（ちりとり付き）

「BREAD」とプリントしたリボンラベル。パン入れにしています。

ワイヤーバスケットにもボタンつきのリボンを取りつけ、見ためオシャレな収納に。

18-8 ステンレス
ワイヤーバスケット1

紙を挟む

ポリプロピレンやアクリルの収納用品は、
「透けて見える」という特長を生かした
印のつけ方やアレンジがおすすめ。

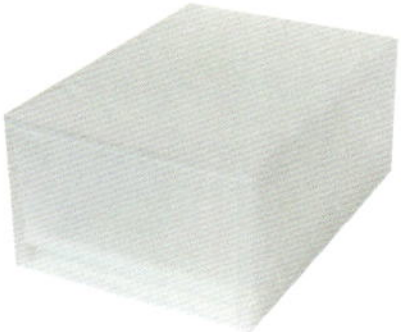

ポリプロピレンケース
引出式・深型

印がなくても何が入っているのか、だいたいわかるのがポリプロピレンの良いところです。

中身が見えると雑然とした印象になるので、気になる場合は白い画用紙を内側に挟んだらスッキリします。その場合はラベルを貼りましょう。

画用紙に、収納しているもののイラストを描くのもおすすめ。子ども部屋は子ども自身で作り上げると、収納の意識が高まります。

パッと見て中身がすぐわかるように、白い画用紙に文字を大きく書いて挟んでもOK。

白い画用紙ではなく、赤・黄・青などの色画用紙を挟めば中身を色で識別できます。

描く

雑貨にも印つけやカスタマイズを。
陶磁器用のペンや布に描けるクレヨンを
活用すれば、アレンジの幅が広がります。

油性ペンで「It's mine」や名前を書いて、自分専用の収納場所に。

磁器歯ブラシスタンド・1本用 ブルー

再生紙ノート・無地
B5・ベージュ・30枚・糸綴じ

ノートも表紙を直接ペンやスタンプで
デコレーションしやすいアイテム。

磁器ベージュ
カップ・小

おえかきペン
陶磁器用6本セット

陶磁器用のペンで描いてオーブンレンジで焼きつけた、オリジナルのカップ。

オーガニック
コットンマイバッグ
A4・生成

布描きクレヨン
16色

布にイラストを描いた後、アイロンをかけると染色できるクレヨンを使用。

貼る

どのように置くかによって、ラベルを貼る
位置も変わります。子どものものには
写真ラベルなどビジュアルでわかるものに。

ポリプロピレン
スタンドファイルボックス
A4用・ホワイトグレー

ファイルボックスは表側と裏側のどちらを手前にして置くかによって、ラベルを貼る位置が変わります。

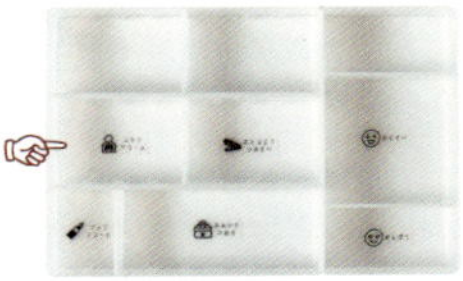

ポリプロピレン
デスク内整理トレー

引き出しの中は、引いた時に上から見える場所にラベリングを。写真は、デスク内整理トレーの底面にラベルを貼っています。

ポリプロピレン
メイクボックス・1/2

棚に入れるメイクボックス（左）は正面から見える位置に、引き出しに入れるメイクボックス（右）は上から見える位置にもラベリング。

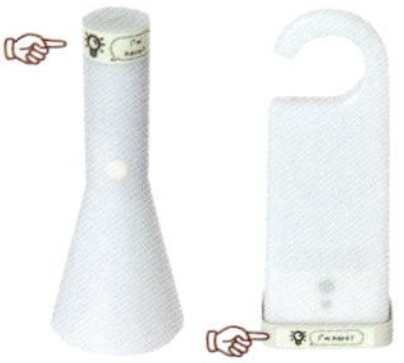

LED
懐中電灯
小

LED
持ち運び
できるあかり

避難時に備えて、防災グッズやデスクライトには暗い場所で光るラベルを。光るラベルは階段の手すりやドアにも貼っています。

EPISODE 16 子どもの部屋作り

子どもが主体になって親はアドバイスする。

無印良品の
スチールユニット
シェルフ

息子が幼稚園に上がるタイミングで、
わが家の子ども部屋をリニューアルしました。
子どもたちと一緒に無印良品のカタログを見ながら
収納用品を決めたり、買い物に出かけたり……。
部屋作りが親子のコミュニケーションにも役立っています。

※無印良品のスチールユニットシェルフは連結しないで使用（詳細は125ページ参照）

こっちは男の子っぽくかっこいい感じに♪
こっちもいいね〜
えっへん
どっちの部屋もほとんど無印良品でそろえたんだよ！
机も椅子も棚も！
えっ二部屋とも雰囲気がぜんぜん違うのに？
むじるしりょうひん…
あえておそろいじゃなくしてるの？
そう♪それぞれの好みで
かっこいいのがいい!!
茶色い木のおしゃれなやつ♪
無印良品カタログ
あとは性格に合わせてね
性格…？
うん、しゅうちゃんの場合は…
あーっ!!
これ私の！勝手に持っていかないでよ!!
ずっと探してたやつー!!
ドタ
バタ
あら…
また〜…

ドタバタ
ドン
あららら…
危ない
しゅうちゃんは
やんちゃだねぇ
ハラハラ
ドタバタ
そう、
だから
このお部屋は
スチールに
したんだよ
フッ
もし
これが木材なら…
傷だらけ＆
ラクガキだらけ…
なるほど
ね！
スチール
だったら
ペンで
らくがき
しても
すぐ消えるし
ティッシュでささっと
ドタバタドタ
こらーっ
いいかげん
やめなさい！
ドタ
バタ
ドタ
負けず嫌いな
とこだけは
2人とも
同じ
なんだよなぁ
誰に似たんだか
陽子だな…
もーーっ
バタ
ドタ
ガルル…

EPISODE 16

子どもの部屋作り

居心地のいい部屋を一緒に作る。

現在、娘は10歳、息子は5歳。年齢差があって性格もまったく違います。
それぞれに合った居心地のいい空間になるよう、一緒に部屋作りを進めています。

性格に合わせた収納法にする

わが家の場合、娘はきっちりした性格なので洋服は引き出しに分類して収納、息子は面倒くさがりなので引っ掛け収納など、その子の性格に合わせた収納方法を子どもと一緒に考えます。

子どもの希望を聞く

子どもが自分の部屋を心地いいと思えるよう、「どんな過ごし方をしたいか」「どんな雰囲気の部屋にしたいか」をしっかり聞いて、子どもの希望や意見を取り入れるようにします。

成長に対応できる収納用品を選ぶ

高さが変えられるアジャスターポール、横にも縦にも組み替えられるスタッキングシェルフなど、子どもたちが成長する過程で長く使える家具・収納用品を選びます。

子どもに適した収納用品を選ぶ

幼い子どもの場合は、安心・安全な素材の収納用品を選ぶこと。無印良品であれば、軽くて割れにくいポリプロピレンや布製のボックス・ケースなどがよいでしょう。

基本的に、子ども部屋のことは子どもたちの意見を優先しています。その中で、「危険」や「面倒くさい」につながってしまう収納方法やものがあれば、それを伝えてもう一度、考えるようにしてもらっています。

そしてもうひとつ、子どもたちに伝えているのは「いろいろな使い方ができるもの、長く使えるものを選ぶといいね!」ということ。子どもは日々成長していくので、体の変化や好みの変化はもちろん、ものの持ち方もどんどん変わります。そんな時に毎回毎回、家具などを買い替えていくのはタイヘンですよね。

どうしても、その時の子ども目線だけで考えがちですが、大切なのは将来も踏まえたもの選びをすること。そうすれば心地いい空間が続き、結果的に長く使えることにもなります。

EPISODE 16

子どもの部屋作り

子ども部屋のゾーニングを考える。

ゾーニングとは、どこで何をするのかを空間で分ける（空間をグループ化する）こと。
子どものスペースを考える時は「遊び・勉強・身支度・睡眠」でゾーニングすると、わかりやすくなります。

現在の娘

- 遊び ▷ リビング、娘の部屋
- 勉強 ▷ ダイニング
- 身支度 ▷ ダイニング、娘の部屋
- 睡眠 ▷ 寝室

娘の部屋
間取り

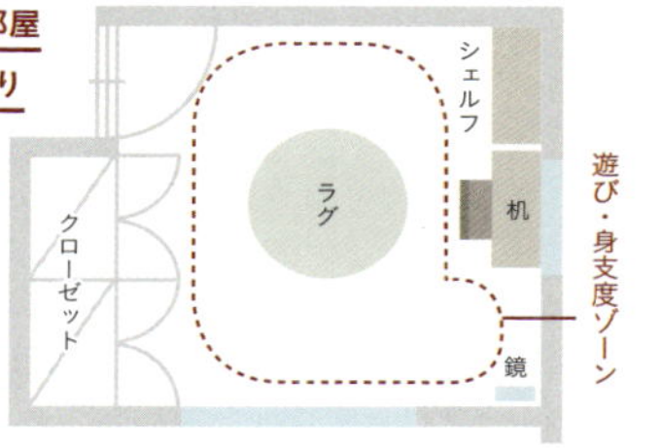

今は親と一緒に寝室で寝ているので、ベッドは置いていません。そのぶん、身支度したり遊んだりするためのスペースを広く取っています。

将来の娘

- 遊び ▷ リビング、娘の部屋
- 勉強 ▷ 娘の部屋
- 身支度 ▷ 娘の部屋
- 睡眠 ▷ 娘の部屋

娘の部屋
間取り

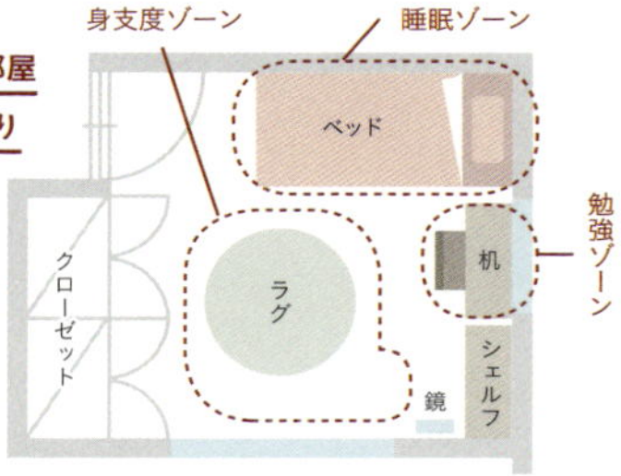

成長にともない、自分の部屋で過ごすことが多くなるはず。ベッドなどの家具や部活動の道具など、子ども部屋に置くアイテムも増えるでしょう。

ゾーニングを考える時は、「子どもがどこで何をしたいのか」を子どもに確認しながら行うことが大切。幼い子の場合は、ゾーニングが子ども部屋に収まらないことが多いためです。「お母さんの近くがいい！」という子の場合、勉強も睡眠も遊びもすべて、子ども部屋以外の場所になることもあるでしょう。

どうしても私たち大人は「家の中を散らかしたくない」と思い、「子どものものは、すべて子ども部屋！」と考えてしまいがち。ですが、そうすることが逆効果になり、家中が散らかることもあるのです。

家の広さや間取りを考えると部屋を分けるのは難しいという場合もあるかもしれませんが、そんな時こそ、省スペースで使える無印良品の収納用品や家具が大活躍すると思います。

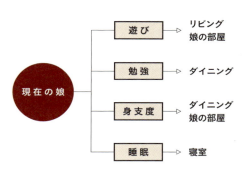

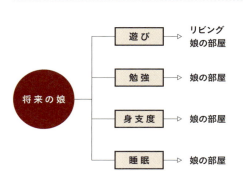

子ども部屋のゾーニング

遊びスペース

小学生の子どもを想定して、それぞれのスペースに必要なものを紹介。
「将来、これだけのものを収納する場所が必要になるんだ」という
参考や気づきにしていただけると、うれしいです！

遊び

- 01 ぬいぐるみ
- 02 カードゲーム
- 03 機械ゲーム
- 04 手芸・工作アイテム
- 05 ブロックのおもちゃ
- 06 乗り物のおもちゃ
- 07 メダル系のおもちゃ
- 08 スクイーズ
- 09 フィギュア
- 10 漫画・絵本・本
- 11 色鉛筆
- 12 お絵かきノート

大きいものの収納に

01

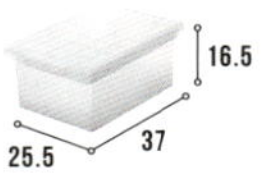

ポリプロピレン
キャリーボックス
ロック付・小

ポリプロピレン
頑丈収納
ボックス・小

ひとまとめにしたいものに

02 03 04 05 06 08 10 11 12

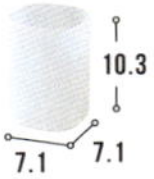

ポリプロピレン
ブラシ・ペンシル
スタンド

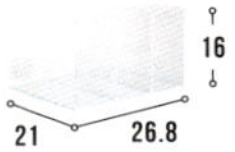

アクリル
仕切りスタンド
3仕切り

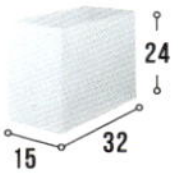

ポリプロピレン
ファイルボックス
スタンダードタイプ
ワイド・A4用

小分け袋
アソートタイプ
4サイズ
計11枚入

細かいものの収納に

02 04 05 06 07 08 09

小分け袋
アソートタイプ
4サイズ
計11枚入

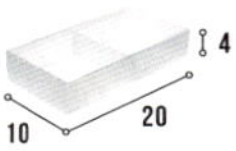

ポリプロピレン
デスク内
整理トレー2

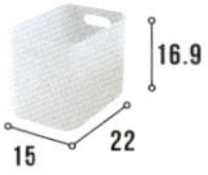

ポリプロピレン
メイクボックス

持ち運びたいものに

04 05 06 08 10 11 12

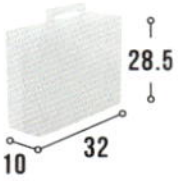

ポリプロピレン
持ち手付き
ファイルボックス
スタンダードタイプ

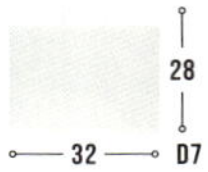

自立収納できる
キャリーケース
A4用

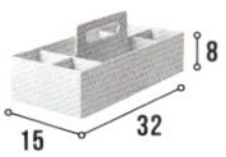

ポリプロピレン
収納キャリーボックス
ワイド･ホワイトグレー

D＝奥行き

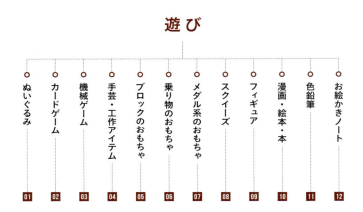

子ども部屋のゾーニング

勉強スペース

教科書やノートを広げた時、どのくらいの広さの机が必要なのか。
文房具は引き出しに入れるのか、出しっぱなしにするのか。
実際に使うことを想定して、家具や収納用品を選ぶことが大切です。

勉強

必要な道具

- 教科書 01
- ノート 02
- 辞書 03
- 下じき 04
- 鉛筆 05
- 色鉛筆 06
- 消しゴム 07
- 定規 08
- 鉛筆けずり

必要な家具・小物 09

- ゴミ箱
- ティッシュ
- 時計
- キャビネット
- イス
- 机

収納に役立つもの

01 02 03 04

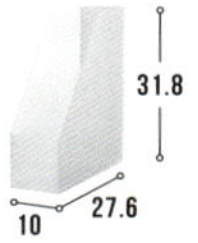

ポリプロピレン
スタンドファイル
ボックス・A4用

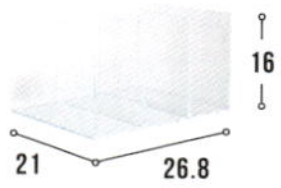

アクリル
仕切りスタンド
3仕切り

教科書・ノートの
収納に！

05 06 07 08

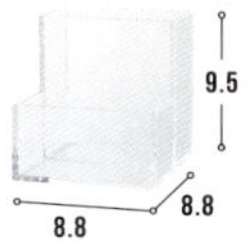

アクリル
小物スタンド

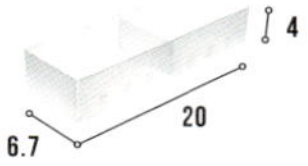

ポリプロピレン
デスク内整理トレー3

文房具の
収納に！

必要な家具・小物

09

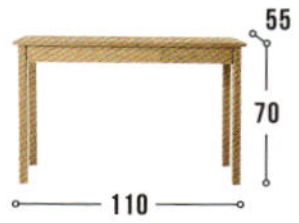

無垢材デスク
（引出付）オーク材

無垢材デスク
キャビネット
（引出2段）オーク材

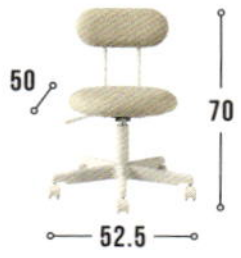

ワーキングチェア
ガススプリング
昇降式（ベージュ）

デジタル時計・小
（アラーム機能付）
ホワイト

長く使えるもの、
使用目的に合ったサイズを！

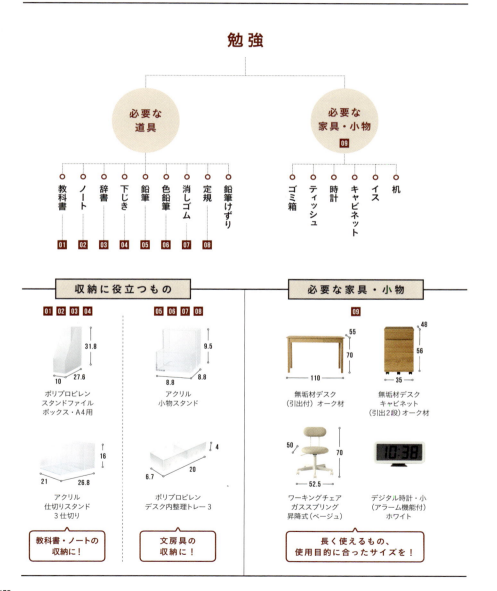

身支度スペース

戻す場所をしっかり決め、子どもが自分で管理しやすくすることが大切。
夏休みなどの長期休暇の時、学校に置いていたものが一気に家の中に
戻ってくることも想定して、余裕を持った収納を心掛けます。

身支度

- 衣類関係 01
  - トップス
  - ボトムス
  - 肌着
  - 靴下
  - ジャケット
  - 手袋
  - マフラー
- 遊びに行く身支度品 02
  - バッグ
  - 絆創膏
  - 携帯電話
  - ハンカチ
  - ティッシュ
  - 帽子
- 学校の身支度品 03
  - 長期休みに持ち帰るもの
    - 防災ずきん
    - お道具箱一式
    - リコーダー
  - 毎日準備するもの
    - ランドセル
    - 教科書
    - ノート
    - 宿題プリント
    - 筆箱
    - 下じき
    - 給食セット
    - ハンカチ
    - ティッシュ
  - 時々準備するもの
    - 辞書
    - 習字セット
    - 絵の具セット
    - 体操着
    - 上履き
    - 白衣
    - プールセット
- あると便利な家具 04
  - 棚
  - シェルフ
  - 鏡

収納に役立つもの

01 02

ポリプロピレン
収納ケース
引出式・横ワイド・小

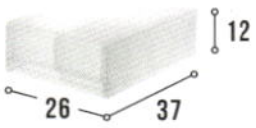

ポリプロピレン
ケース・引出式
浅型・2個（仕切付）

衣類の収納に！

ハンカチやティッシュの収納に！

あると便利な家具

04（03を収納）

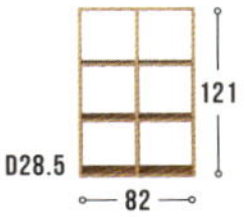

スタッキング
シェルフセット
3段×2列・オーク材

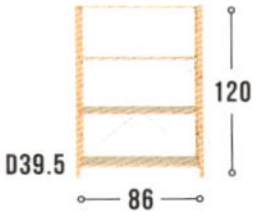

パイン材
ユニットシェルフ
86cm幅・中

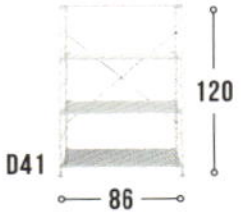

スチール
ユニットシェルフ
スチール棚セット
ワイド中・グレー

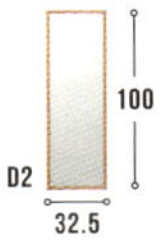

壁に付けられる
家具・ミラー
中・オーク材

長く使えるもの＆収納物に合わせてカスタマイズできるものを！

D＝奥行き

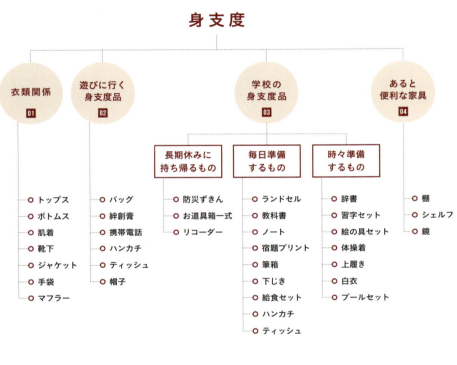

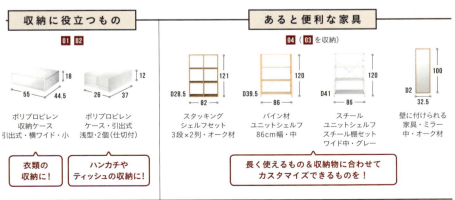

子ども部屋のゾーニング

睡眠スペース

睡眠スペースのメイン収納になるものは、ベッド下収納とベッドサイド収納。
寝る時に使うものを想定して、手の届きやすい場所に置いておくと便利。
掃除のしやすさや、移動のしやすさも考慮したい場所です。

睡眠

- 必要な家具 01
  - ベッド
  - マットレス
  - 掛け布団（春夏・秋冬）
  - 掛け布団カバー
  - 敷布団
  - 毛布
  - 枕
  - 枕カバー
  - シーツ
- あると便利な家具 02
  - チェスト
  - 本棚
  - テーブル
- あると便利なもの
  - 本 03
  - ティッシュ 04
  - めがねケース 05
  - ゴミ箱 06
  - 防災ライト 07

必要な家具

01

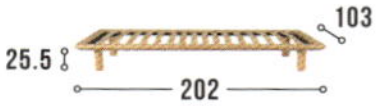

ベッドフレーム
シングル・オーク材

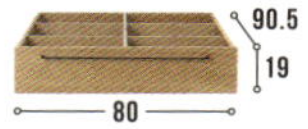

ベッドフレーム下収納
大・オーク材

収納ベッド
シングル・オーク材

ベッド下収納について
は158ページ参照

あると便利な家具

02（03～07を収納）

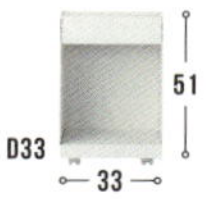

コンパクト
スチールキャビネット

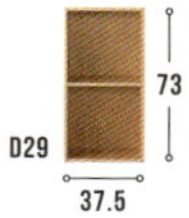

パルプボードボックス
タテヨコA4サイズ・2段
ベージュ

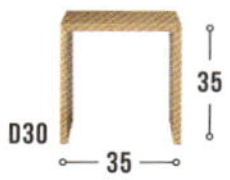

コの字の家具
積層合板・オーク材 幅35cm

ベッドで使うものを
まとめて置ける場所に！

収納に役立つもの

03

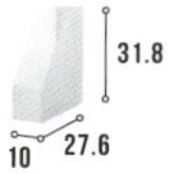

ポリプロピレン
スタンドファイル
ボックス・A4用

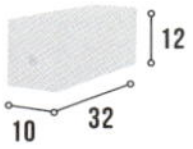

ポリプロピレン
ファイルボックス
スタンダードタイプ・1/2

04

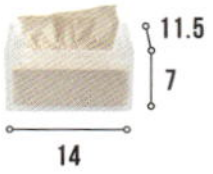

アクリル卓上用
ティシュー
ボックス

05

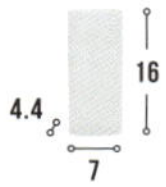

ポリプロピレン
めがね・小物ケース
スタンド式・大

06

ポリプロピレン
ごみ箱・角型
袋止め付・小（約3L）

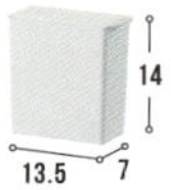

ポリプロピレン
ごみ箱・角型
ミニ（約0.9L）

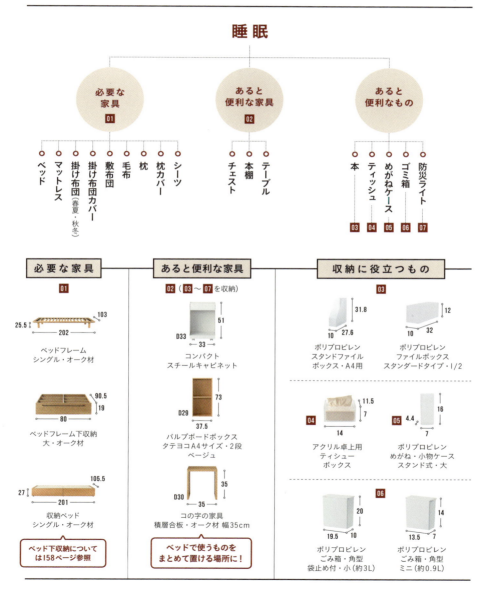

EPISODE 17 整理・応用編

捨てるのではなく残すために整理収納する。

ポリプロピレン
収納ケース・
引出式（大）

学生時代に友だちからもらった手紙や色紙、
愛用していた洋服やバスタオル、
子どもたちからもらった似顔絵やプレゼント……。
限られた空間の中で、この宝物を残すにはどうしたらいいか。
そのヒントこそ、整理収納にあると思います。

あ…でも
今日は帰り遅いし
明日も朝
早いんだった…
渡せない…
ガーン
メッセージ書いて
置いとこっか!
うん!
翌朝
チチチ…
タタタ
あ!
なくなってる!
ホントだね
やった!
ワイ ワイ
きっと
お父さん
よろこんだ
よ~
エヘヘ
キィ
……

階段下収納
よっと
あっ
あった♪
よかった♪
子どもたちからのプレゼントはここに入れよう
おおっ
置きっぱなしにすると悲しませちゃうから…
しょぼん
もらってくれなかった…
わかった！
ここは2人の目が届かない場所だし
高くて取りづらいしね

目隠しもしてるし♪
念には念を
内側に白い紙を立てて入れている
おおっ
でも…
どんどん増えるよね…
もさっ
仕方ないから古いのから捨てる…?
いやいやいやいや
NO
ゴウッ
整理収納してスペース作るから!!
子どもたちからもらったものは手放したくない!!
メラメラ
そ、そうだね…
ごちそうさま～!!
パタッ
収納を通して感じる思いやり
大切にしています
パタン
は～い

捨てないための収納方法を考える。

ずっと大事に使っていたものや、大好きな人からもらったプレゼント……。
大切な思い出のものを捨てる整理収納ではなく、残すための整理収納を実践しましょう。

STEP.1 収納方法を考える ▶▶▶▶▶ **STEP.2 収納用品を選ぶ** ▶▶▶▶▶ **STEP.3 収納する**

「形崩れしないように保管する」「部屋に飾っておく」など、思い出のものをどのように収納するかを考えます。

ステップ1で決めた収納方法に合わせて、最適な収納用品を選びます。収納用品の種類や選び方は78ページ参照。

生活や避難経路のジャマにならない場所へ。ただし存在を忘れてしまわないよう、目につく場所に保管しましょう。

CASE 01

生まれてから ずっと愛用している 子どものバスタオル

STEP.1 飾りながら保管 ▶▶▶ **STEP.2 なし** ▶▶▶ **STEP.3 ダイニングシェルフの上**

娘が生まれた時、母が購入してくれたバスタオル、私が初めて娘のために買ったバスタオル……。このバスタオルたちは息子も使い続け、たくさんの思い出が詰まっています。ですが、長い年月とともに擦り切れてしまい、とうとう寿命の時がやってきたのです……。

もちろん、手放すことなんてできず悩んでいた時、「ハンドタオルを使ってぬいぐるみを作る」というネット記事を発見！ バスタオルの一部を切って輪ゴムでぬいぐるみを作り、残った部分は「ありがとう」という気持ちを持って掃除用に。これだけコンパクトになれば収納スペースも取らず、飾って保管することもできます。

手放せない
お気に入りの
ヘアゴムも
一緒に！

ラベルプリンターでタオルを愛用していた期間をリボンにプリントし、それをクマの首飾りに。娘が手放せなかったアクセサリーも耳につけてあげました。

CASE 02

娘が大好きな人から もらった 壊れたリング

STEP.1 大切にしまって保管する ▶▶▶ **STEP.2** ジップつき袋とケース ▶▶▶ **STEP.3** クローゼットの中

長い間、娘が手放せずにいるものの中に「壊れたリング」があります。これは、私の姉の旦那さんからもらったプレゼント。娘は大切にしていたのですが、ある日、落として割ってしまったのです。

姉と旦那さんはアメリカに住んでいるので、なかなか会うことができません。だからこそリングが壊れてしまっても、娘は大事にしたいのでしょう。大切に保管すると決めたリングは、バラバラにならないようにジップつきの袋に入れ、娘の部屋のクローゼットにあるプレゼントコーナーに入れています。

プレゼントコーナーに使っているのは、仕切り板つきの引き出しケース。友だちにもらったプレゼントや思い出のものも、大事に保管しています。

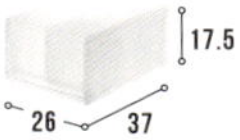

ポリプロピレンケース・引出式深型・2個（仕切付）

小分け袋アソートタイプ 4サイズ・計11枚入

私が整理収納する時に一番、心掛けているのは「思い出のものをムリに手放さない」ということ。思い出のものは、日々増えていきます。ですが、それを手放さなければならないと思うと、整理収納の作業がとても辛いものになってしまいます。だから、私はいつも「思い出のものを保管するスペースを広げるために整理収納しよう！」と考えるようにしています。

思い出のものの収納を考える時は、持ち主の気持ちを最優先し、無理に手放すことは絶対にしないように心掛けています。

子どもたちにもらったプレゼントは、「受け取ったよ」ということを伝えるためにも、あえて子どもたちの目の届かない場所に保管しています。

EPISODE 17

整理・応用編

「思い出のもの」を分類・保管する。

思い出のものの量が少なければ、1ヶ所にまとめて保管する方法でOKですが、
量が多い・どんどん増えるという方には、分類して収納する方法をおすすめします。

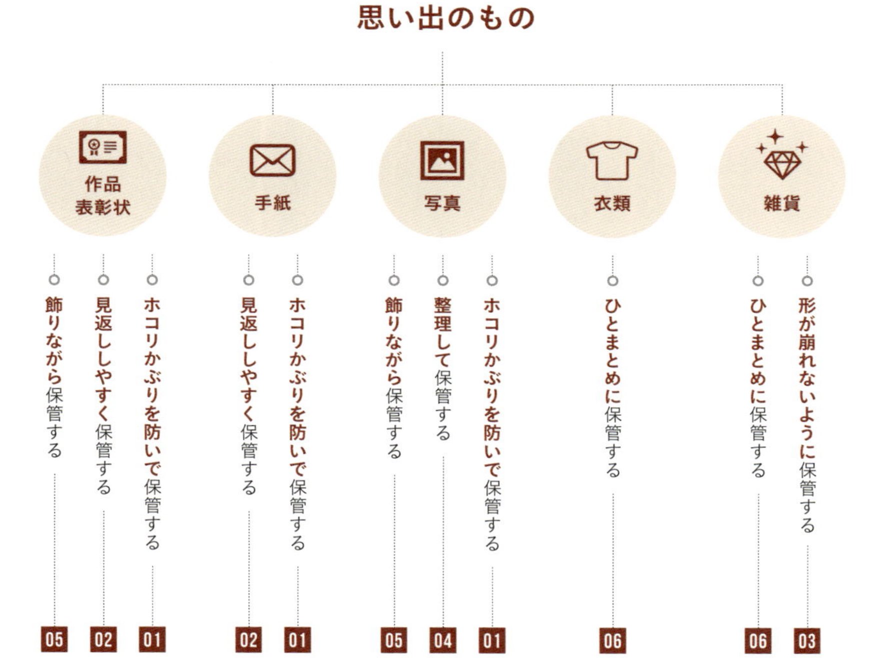

「思い出のものを分類する」と聞くと、少し面倒に感じてしまう方がいるかもしれません。ですが、そのひと手間をかけるぶん、メリットはとても多いと思います。

特に、思い出のものをいつでも手に取れる状態にしたい場合は有効。分類すれば、それぞれに合った収納方法を選ぶことができ、そのぶん手に取りやすくなります。

分類すれば、何がどのくらいあるのかを把握できる点でもおすすめ。内容や量を把握できていないと、やがてはその存在を忘れてしまいかねません。

どんどん増える思い出のものと上手につき合っていくためにも、そして自分や家族の気持ちと向き合うためにも、思い出の分類には少し時間をかけてもいいと思います。

01 ホコリかぶりを防いで保管する

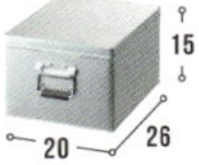

トタンボックス
フタ式・小

写真や手紙など、ホコリかぶりを防ぎたいものはフタつきのボックスに入れて保管。

02 見返ししやすく保管する

ポリプロピレン
クリアホルダー
サイド収納
A4・40ポケット

サイド収納は左右のポケットを使って大きい作品も入れられるので便利です（最大A3サイズ）。

03 形が崩れないように保管する

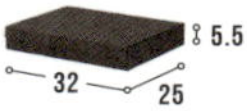

ダンボール・タテヨコ使える
フタ付きボックス・小（3個入り）

形崩れや汚れを避けたいものは、ジャンルごとに分けて少量ずつボックスへ入れます。

04 整理して保管する

ポリプロピレン
アルバム L判・264枚用

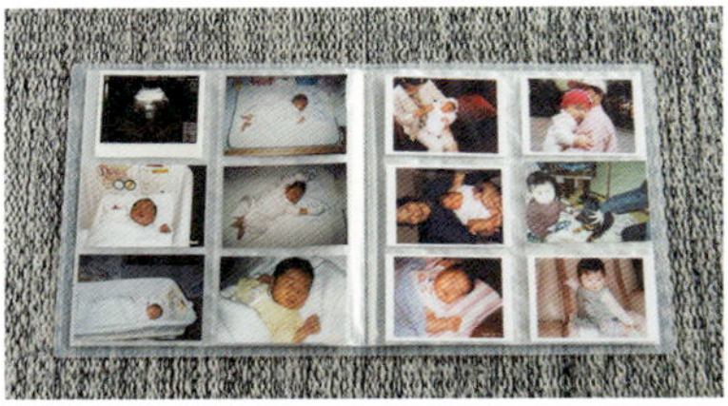

L判の大きなアルバムは、見開きでたくさんの写真が見られるのでおすすめです。

05 飾りながら保管する

壁に付けられる
フレーム
A4サイズ用
オーク材

期間を決めて飾るものをローテーションさせ、存在を忘れてしまうものがないように。

06 ひとまとめに保管する

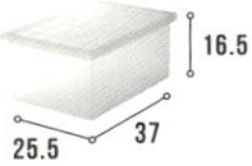

ポリプロピレン
キャリーボックス
ロック付・小

かさばるものは、大きめのケースにざっくり収納を。ロックつきで大切に保管します。

D =奥行き

無印良品の食品と、私。

わが家の家族はみんな、無印良品のレトルト食品やお菓子が大好き。
小袋に入ったシリーズなど、コンパクトなものが多いのも魅力です。

温めて食べるパックごはん 雑穀米

外食時は必ず雑穀米に変えてもらう私、この商品を見つけた時は大興奮でした！　災害時の非常食品としても活用しています。

小さめカレー 国産りんごと野菜

無印良品のカレーを食べる時、子どもたちはいつも1つを二人で分けていました。子どもが一人で食べ切れるサイズが出てうれしい！

素材を生かしたカレー バターチキン

大人気のバターチキンカレー、私はクリーミーよりもこっち派！　災害時に備えて、パックごはんと一緒にストックしています。

ごはんにかける ユッケジャン

子どもといる時は辛いメニューができないので、自宅で一人ランチする時、食べる率の高い一品。汗をかくくらいの辛さが堪りません。

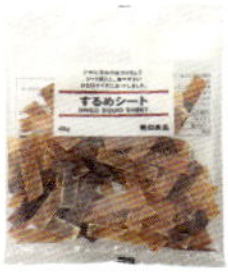

するめシート

主人と私が大好きな一品。「ちょっと小腹が空いたな」という時に、手軽に食べられるコンパクトサイズがお気に入りです。

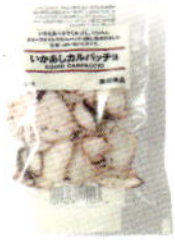

いかあしカルパッチョ

娘も息子も大好き。ひとつずつ買わないと姉弟ゲンカが起こるので毎回2セット購入。封をする時はクリップで(164ページ)。

不揃い 宇治抹茶バウム

娘は大の抹茶好きなんですが、中でもこの宇治抹茶バウムは「絶品！」とのこと。3時のおやつにこれがあると、とても喜びます。

不揃い ホワイトチョコがけいちご

チョコ好きの私には堪らない一品。昔から無印良品の文房具とお菓子は大好きでしたが、不揃いのチョコがけいちごシリーズは格別です。

果汁100%ソーダ 温州みかん

炭酸飲料をほとんど飲まない娘がお気に入り。果汁100%の炭酸飲料はあまりなくて「みかんの味が濃くておいしい！」と大好評です。

EPILOGUE

―将来のこと―

ずっと、
無印良品がいい。

ザー…
今も更新している
わが家の
整理収納と部屋作り
つい最近もー
～♪
あーっ!!
私のもの
勝手に
使わないでよ～!
ノートも
ペンも!
返して!
プイ
ちょっとぐらい
いいじゃん!
しゅうちゃんの
バカー!!
ポカ
ポカ
コラ
コラ
お姉ちゃんの
ケチー!
フー
やれやれ
お母さん!

ぼくもあそこに置きたい！おねぇちゃんばっかりズルイ!!
えっ…
娘の本棚
娘の通学グッズ
4列に増やしました
う〜〜ん‥
わかった！しゅうちゃんの場所も作ろう！
ホント!?
だからお姉ちゃんにノート返してあげて
「ごめんなさい」言えるかな？
ごめんなさい〜
後日
注目〜♪

ここがしゅうちゃんの場所で〜す！
じゃーん♪
わ〜い
息子の本棚
通園バッグ
帽子
さっそく入れよ〜♪
すごいね！ここは何？
この下…
フッフッフッ…
チャッ
みんなの携帯や充電器を置く場所！
じゃじゃん！
おおっ
べんりー!!

整理収納において
「主役」は暮らす私たち
かっこいいねー
収納するものは
「脇役」です
そして
脇役を「名脇役」に
フフフ…
変えてくれるものが
収納用品たち
どんな個性を持った
相手でも
見事に歩調を合わせ
引き立ててくれる
すべてのものを
名脇役にしてくれる
それは
一人暮らしをした時も
結婚した時も
子どもが産まれてからも
さっ ご飯食べよ～
いつも
無印良品でした
それはきっと
これからもずっと——

無印良品の収納用品 分類表

無印良品の収納用品を「収納方法」「素材」「タイプ」のそれぞれに分類。使う人や場所に合った収納用品を選ぶ時のヒントになるはずです。収納用品の選び方については、78～83ページも参考にしてください。

掲載商品の単位：cm（D＝奥行き、H＝高さ、Ø＝直径）

タイプ
205ページ

素材
197ページ

収納方法
193ページ

収納方法 01

空間を区切る

上下や左右の空間をうまく分ける・区切るために役立つ収納用品。
引き出しや棚などの小さな空間、押し入れやクローゼットなどの大きな空間、
それぞれの空間サイズに適したものがあります。

引き出し・棚など小さな空間を分ける・区切る

ポリスチレン仕切板・中
5枚入り

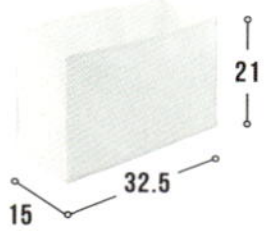

高さが変えられる
不織布仕切ケース・中
2枚入り

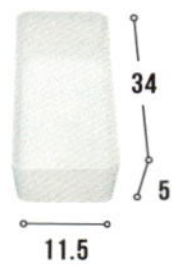

ポリプロピレン
整理ボックス4

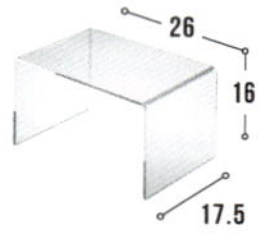

アクリル仕切棚

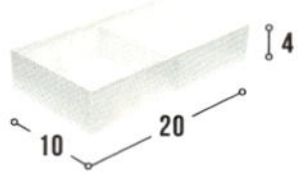

ポリプロピレン
デスク内整理トレー2

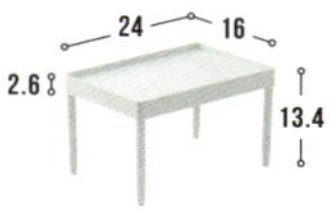

ABS樹脂
脚付トレー・1/2
A5サイズ用・脚4本付属

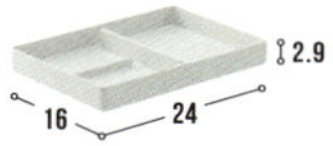

ABS樹脂
仕分けトレー・1/2
A5サイズ

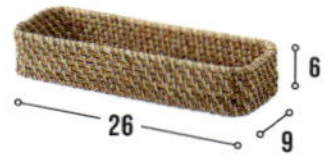

重なるラタン
長方形ボックス
ハーフ・浅

押し入れ・クローゼットなど大きな空間を分ける・区切る

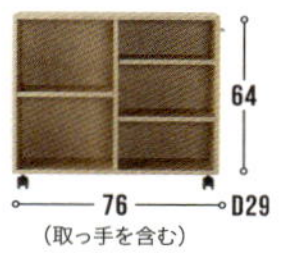

パルプボードボックス
キャスター付・ベージュ
（タテ・ヨコ仕様）

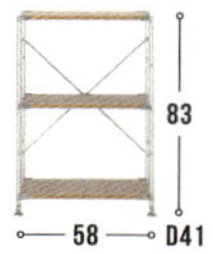

ステンレス
ユニットシェルフ
オーク材棚セット・小

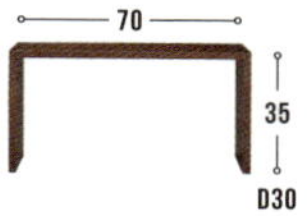

コの字の家具・積層合板
ウォールナット材

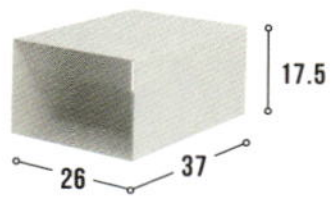

ポリプロピレンケース
引出式・スチールフレーム
深型用

ポリプロピレン
衣装ケース・引出式・深

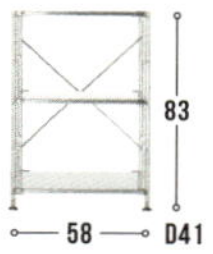

ステンレス
ユニットシェルフ
ステンレス棚セット・小

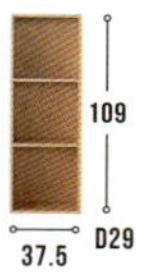

パルプボードボックス
タテヨコA4サイズ
3段・ベージュ

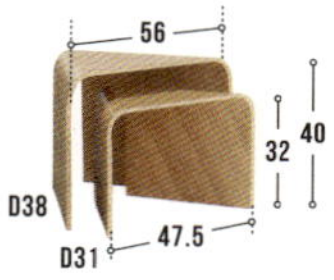

重なるテーブルベンチ
成型合板・オーク材
大小セット

収納方法 02

立てる

衣類・雑誌・生活雑貨などを立てるために役立つ収納用品。
家の中には「立てる」ことで出し入れしやすくなるものがたくさんあります。

BEAUTIFUL

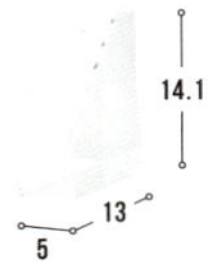

アクリルレタースタンド

BEAUTIFUL

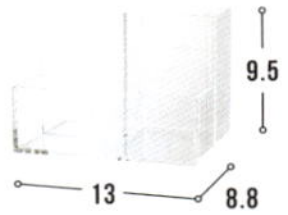

アクリル小物スタンド

BEAUTIFUL

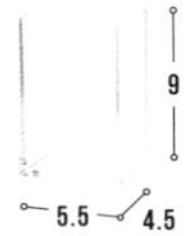

アクリルペンスタンド

BEAUTIFUL

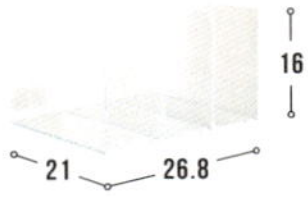

アクリル仕切りスタンド
3仕切り

BEAUTIFUL

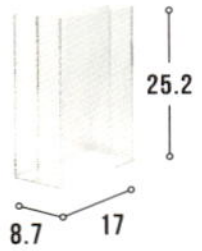

アクリル収納スタンド
A5サイズ

SIMPLE

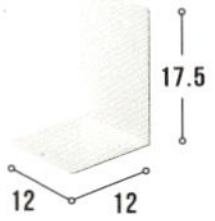

スチール仕切板・中

SIMPLE

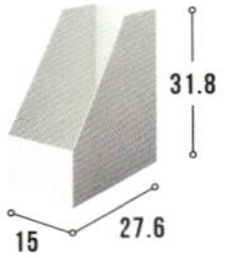

ポリプロピレン
スタンドファイルボックス
ワイド・A4用
ホワイトグレー

SIMPLE

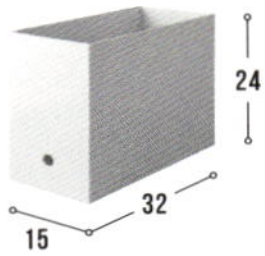

ポリプロピレン
ファイルボックス
スタンダードタイプ・ワイド
A4用・ホワイトグレー

SIMPLE

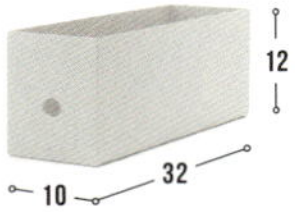

ポリプロピレン
ファイルボックス
スタンダードタイプ
ホワイトグレー・1/2

SIMPLE

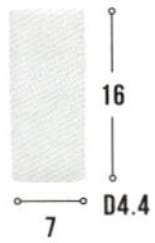

ポリプロピレン
めがね・小物ケース
スタンド式・大

SIMPLE

ポリプロピレン
ファイルボックス用
ペンポケット

COOL

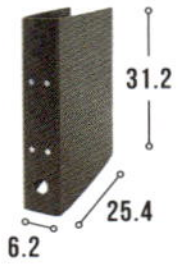

再生紙2穴ファイル
50mm・パイプ式
A4・金具幅50mm
ダークグレー

COOL

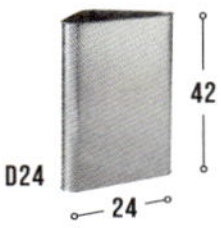

トタンボックス
三角形・大

NATURAL

木製 スタンド

NATURAL

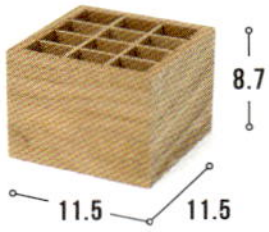

MDFペンスタンド

NATURAL

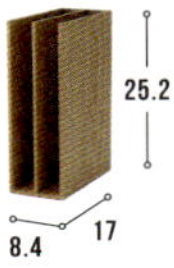

MDF収納スタンド
A5サイズ

収納方法 03

掛ける

引っ掛け収納するために使えるアイテムの代表格といえば、フックでしょう。
自分が出し入れしやすい高さや場所に、カンタンに設置できます。

BEAUTIFUL

アクリルネックレス
ピアススタンド

SIMPLE

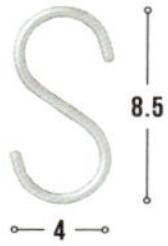

アルミＳ字フック・中
2個入

SIMPLE

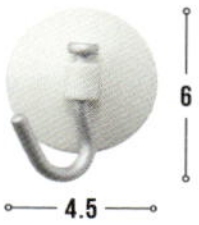

アルミフック
吸盤タイプ・大
2個入

SIMPLE

アルミフック
マグネットタイプ・大
2個入

SIMPLE

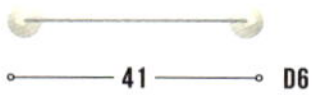

アルミタオルハンガー
吸盤タイプ

SIMPLE

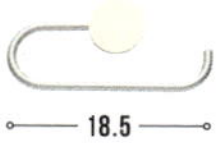

アルミループ
タオルハンガー
マグネットタイプ

SIMPLE

アルミハンガー
ネクタイ／スカーフ用

COOL

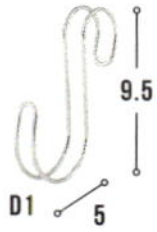

ステンレス横ブレしにくい
Ｓ字フック・小
2個入

COOL

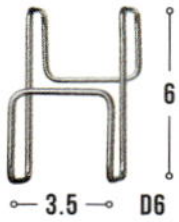

ステンレス
扉につけるフック

COOL

吊るせる収納
バッグポケット

COOL

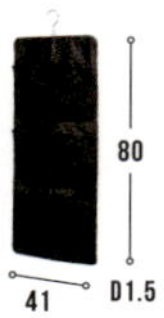

吊るせる収納
小物ポケット

COOL

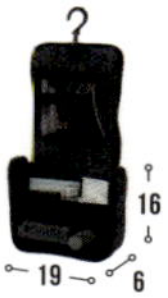

ポリエステル
吊して使える
洗面用具ケース

NATURAL

ブナ材コートスタンド

NATURAL

壁に付けられる家具
3連ハンガー・オーク材

NATURAL

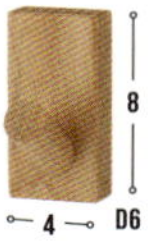

壁に付けられる家具
フック・オーク材

NATURAL

ウォールナット材
コートハンガー

BEAUTIFUL＝美しい　SIMPLE＝シンプル　COOL＝かっこいい　NATURAL＝ナチュラル

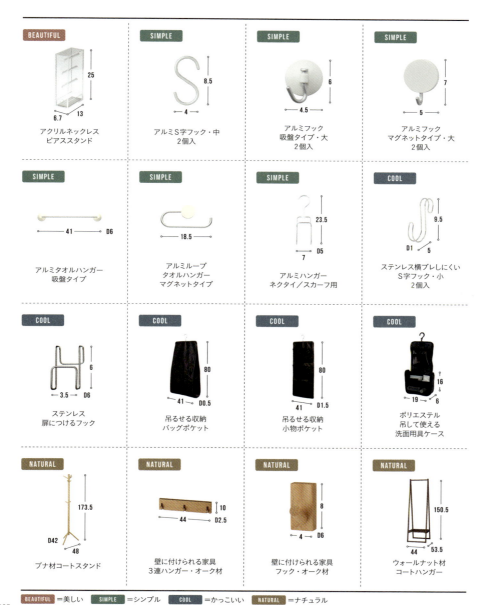

収納方法 04

重ねる

スペースが狭くて横並びにできないけれど、上下の空間は生かせる。
そんな時に活躍するのが、スタッキングできる収納用品です。

SIMPLE

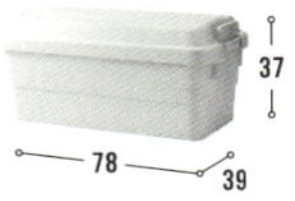

ポリプロピレン
頑丈収納ボックス・特大

SIMPLE

ポリプロピレンケース
引出式・浅型
ホワイトグレー

SIMPLE

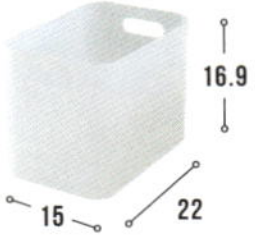

ポリプロピレン
メイクボックス

SIMPLE

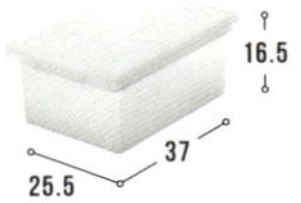

ポリプロピレン
キャリーボックス
ロック付・小

SIMPLE

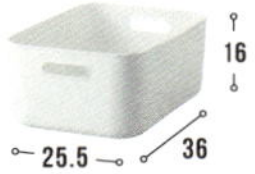

やわらか
ポリエチレンケース・中

プラスα

フタをつければ重ねられます。

やわらか
ポリエチレンケース用フタ

COOL

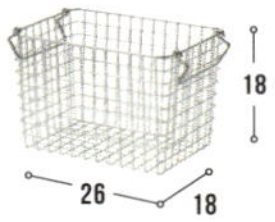

18-8 ステンレス
ワイヤーバスケット1

COOL

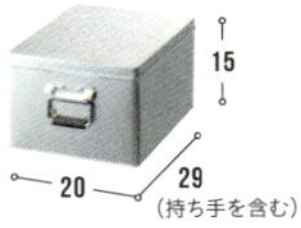

トタンボックス
フタ式・小

COOL

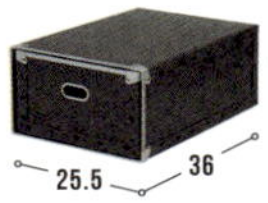

硬質パルプボックス
引出式・深型

COOL

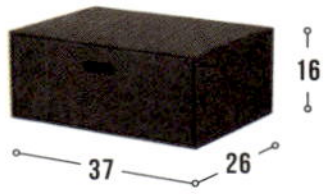

ダンボール・引出式
横ワイド・深型

COOL

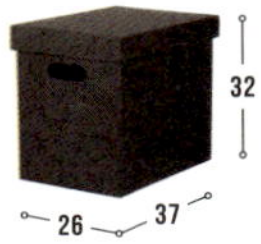

ダンボール
ボックス・フタ式

COOL

ダンボール
タテヨコ使える
フタ付きボックス・大
2個入

NATURAL

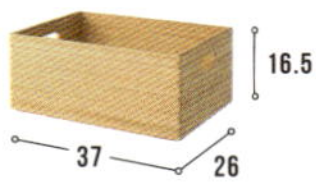

重なる竹材
長方形ボックス・中

NATURAL

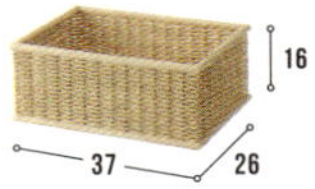

重なるブリ材
長方形バスケット・中

NATURAL

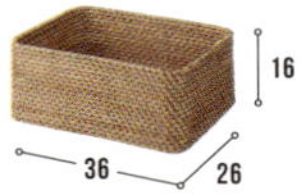

重なるラタン
長方形バスケット・中

NATURAL

重なるラタン
角型バスケット・中

BEAUTIFUL ＝美しい　SIMPLE ＝シンプル　COOL ＝かっこいい　NATURAL ＝ナチュラル

素材 01

ポリプロピレン　大型ケース

押し入れやクローゼットにぴったり収まる大きさの引出式ケース。
それぞれ、高さ違いのアイテムがそろっています（幅と奥行きは同じ）。

衣装ケース

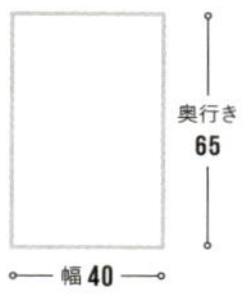

ポリプロピレン
衣装ケース・引出式・深

ポリプロピレン
衣装ケース・引出式・大

ポリプロピレン
衣装ケース・引出式・小

クローゼットケース

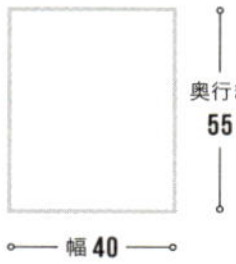

ポリプロピレン
クローゼットケース・引出式・深

ポリプロピレン
クローゼットケース・引出式・大

ポリプロピレン
クローゼットケース・引出式・小

収納ケース横ワイド

ポリプロピレン
収納ケース・引出式
横ワイド・深

ポリプロピレン
収納ケース・引出式
横ワイド・大

ポリプロピレン
収納ケース・引出式
横ワイド・小

収納ケース

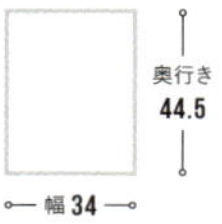

ポリプロピレン
収納ケース・引出式・深

ポリプロピレン
収納ケース・引出式・大

ポリプロピレン
収納ケース・引出式・小

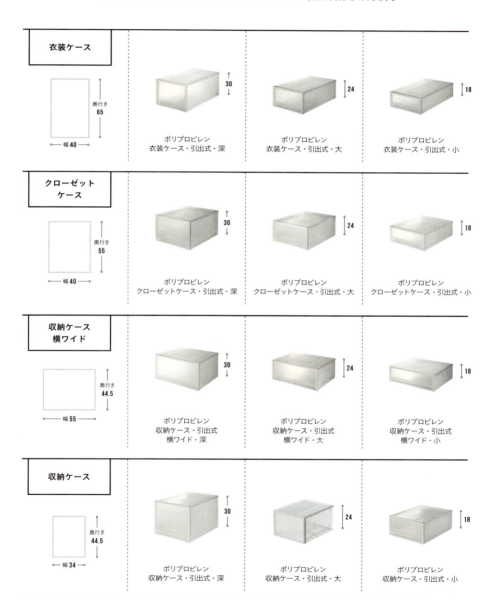

素材 01

ポリプロピレン 中・小型ケース

積み重ねて使えて、収納家具にもぴったり収まる引出式ケース。
わが家でも昔から、食品ストックやお世話セット入れに大活躍でした。

引出式・深型

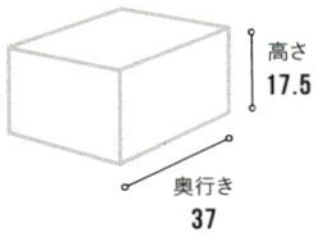

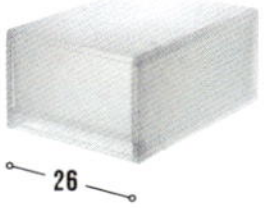

ポリプロピレンケース
引出式・深型

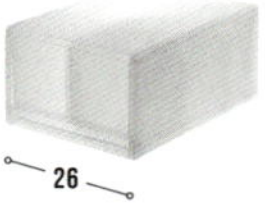

ポリプロピレンケース
引出式・深型・2個（仕切付）

ポリプロピレンケース
引出式ハーフ
深型・1個（仕切付）

引出式・浅型

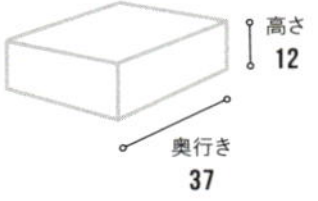

ポリプロピレンケース
引出式・浅型

ポリプロピレンケース
引出式・浅型・2個（仕切付）

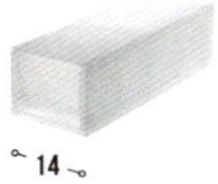

ポリプロピレンケース
引出式ハーフ
浅型・1個（仕切付）

引出式・薄型

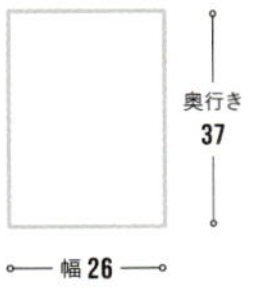

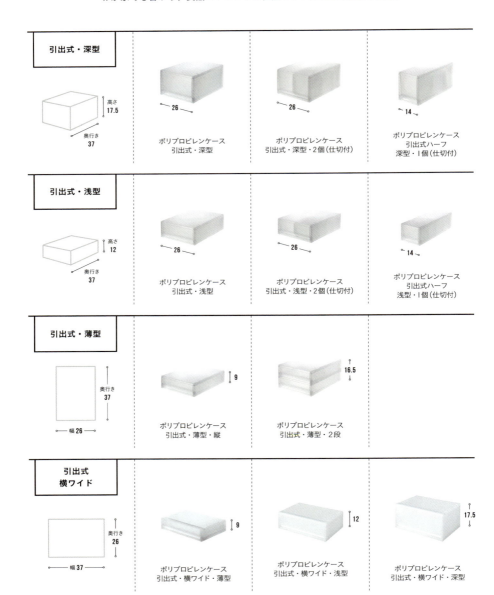

ポリプロピレンケース
引出式・薄型・縦

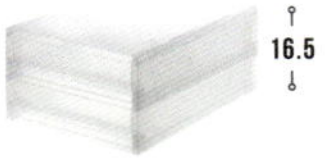

ポリプロピレンケース
引出式・薄型・2段

引出式 横ワイド

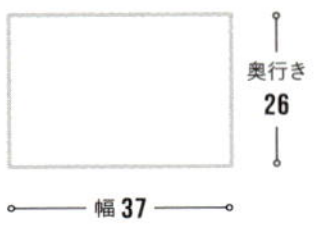

ポリプロピレンケース
引出式・横ワイド・薄型

ポリプロピレンケース
引出式・横ワイド・浅型

ポリプロピレンケース
引出式・横ワイド・深型

素材 01

ポリプロピレン 〈ファイルボックス〉

書類や雑誌、小物の整理収納に便利なファイルボックス。
中身が見える半透明の他、すっきり隠せるホワイトグレーもあります。

スタンドファイルボックス

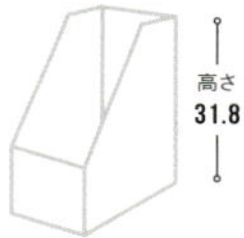

ポリプロピレン
スタンドファイルボックス
A4用

ポリプロピレン
スタンドファイルボックス
ワイド・A4用

ポリプロピレン
スタンドファイルボックス
ハーフ

スタンダードタイプ

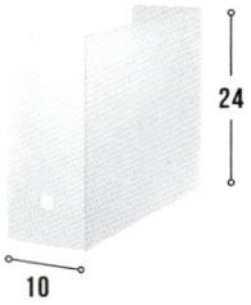

ポリプロピレン
ファイルボックス
スタンダードタイプ・A4用

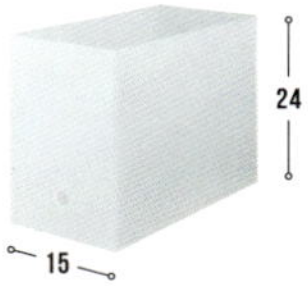

ポリプロピレン
ファイルボックス
スタンダードタイプ
ワイド・A4用

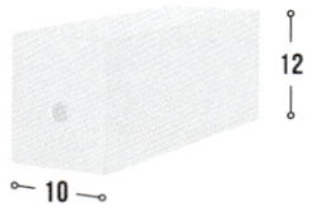

ポリプロピレン
ファイルボックス
スタンダードタイプ・1/2

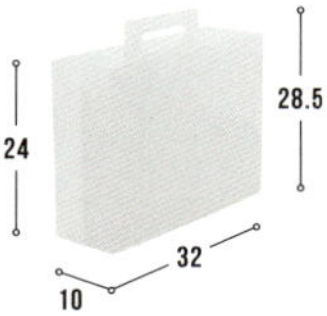

ポリプロピレン
持ち手付きファイルボックス
スタンダードタイプ

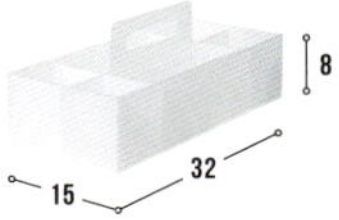

ポリプロピレン
収納キャリーボックス・ワイド

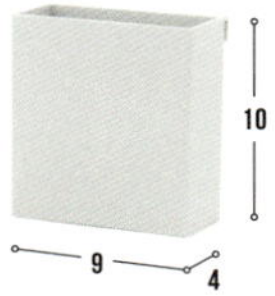

ポリプロピレン
ファイルボックス用・ポケット

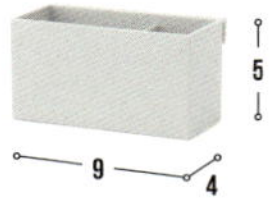

ポリプロピレン
ファイルボックス用
仕切付ポケット

ポリプロピレン
ファイルボックス用
ペンポケット

マグネットバー

ホワイトボードにマグネットバーを貼れば、小物用のポケットを引っ掛けられます。

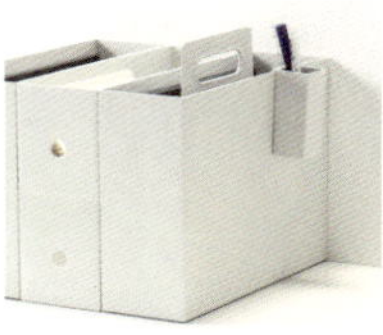

ファイルボックスにポケットを引っ掛けると、細々した文房具の持ち運びに便利。

素材 01

ポリプロピレン ボックス・整理トレー

引き出しの中に入れて、分類収納できるアイテム。
4つのサイズを組み合わせれば、どんな引き出しにもぴったりハマります。

整理ボックス

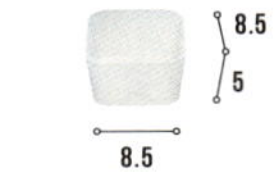

ポリプロピレン
整理ボックス1

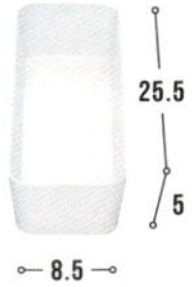

ポリプロピレン
整理ボックス2

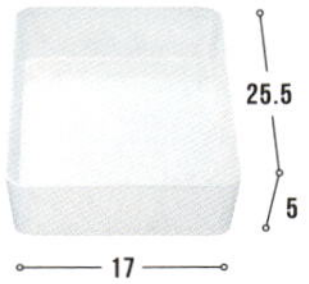

ポリプロピレン
整理ボックス3

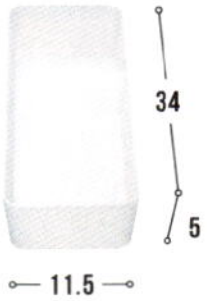

ポリプロピレン
整理ボックス4

デスク内整理トレー

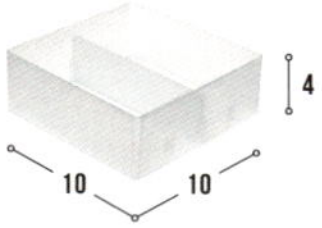

ポリプロピレン
デスク内整理トレー1

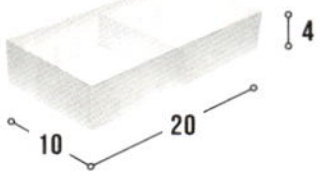

ポリプロピレン
デスク内整理トレー2

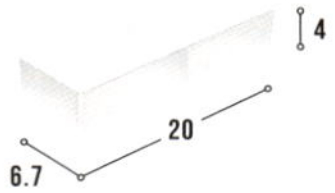

ポリプロピレン
デスク内整理トレー3

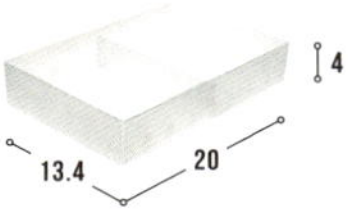

ポリプロピレン
デスク内整理トレー4

ポリプロピレン
デスク内整理トレー用
仕切板　トレー1.2用
3枚セット

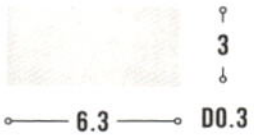

ポリプロピレン
デスク内整理トレー用
仕切板　トレー3用
3枚セット

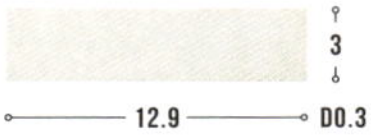

ポリプロピレン
デスク内整理トレー用
仕切板　トレー4用
3枚セット

自立収納できる
キャリーケース・A4用

自立収納できる
キャリーケース
A4用・ホワイトグレー

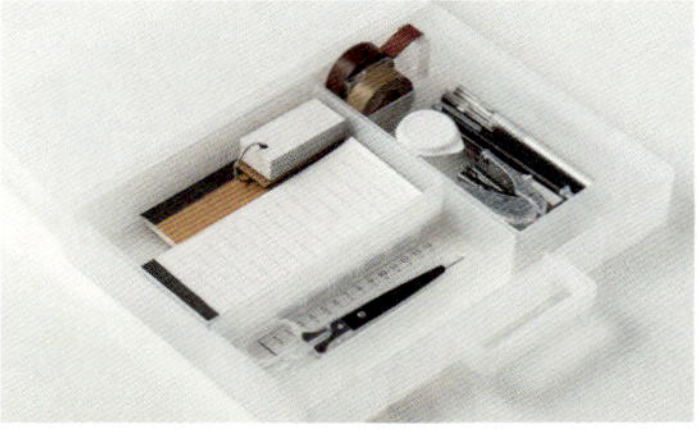

自立収納できるキャリーケースにデスク内整理トレーを入れて、細々したものを分類収納。

素材 01

ポリプロピレン その他

軽くて丈夫なポリプロピレンは、子どもが安心して使える上、水回りもＯＫ。
子ども部屋やダイニング、キッチンなど、あらゆる部屋で使っています。

メイクボックス

ポリプロピレン
メイクボックス

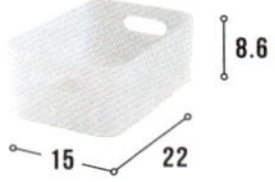

ポリプロピレン
メイクボックス・1/2

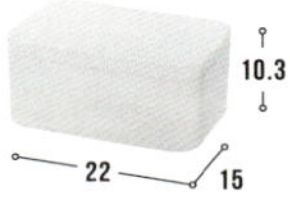

ポリプロピレン
メイクボックス
蓋付・大

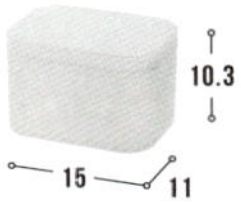

ポリプロピレン
メイクボックス
蓋付・小

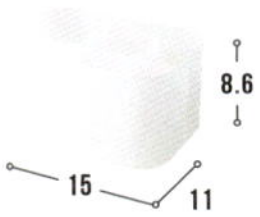

ポリプロピレン
メイクボックス
仕切付・1/2 横・ハーフ

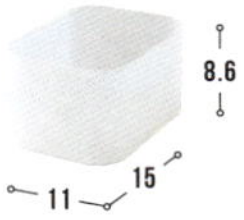

ポリプロピレン
メイクボックス
1/2 横・ハーフ

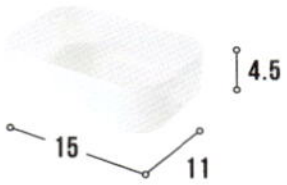

ポリプロピレン
メイクボックス
1/4 横・ハーフ

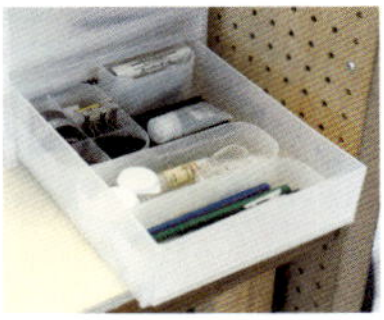

メイクボックスは角が丸いので、中身が取り出しやすく安全。

キャリーボックス

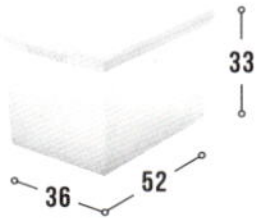

ポリプロピレン
キャリーボックス
ロック付・深

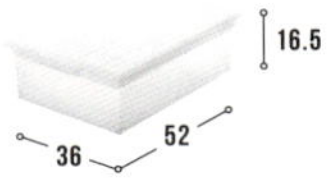

ポリプロピレン
キャリーボックス
ロック付・大

頑丈収納ボックス

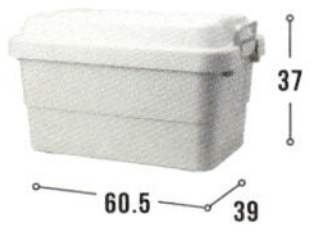

ポリプロピレン
頑丈収納ボックス・大

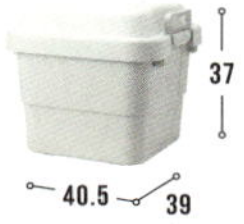

ポリプロピレン
頑丈収納ボックス・小

その他

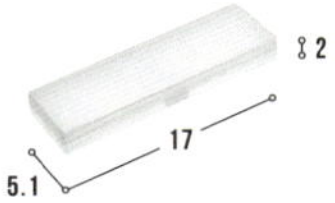

ポリプロピレン
ペンケース（横型）・小

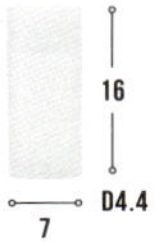

ポリプロピレン
めがね・小物ケース
スタンド式・大

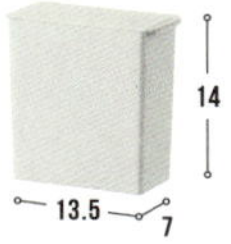

ポリプロピレン
ごみ箱・角型・ミニ
（約0.9L）

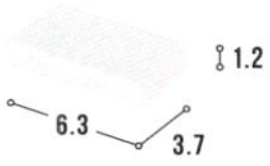

ポリプロピレン
小物ケース・SS

アクリル

樹脂の一種であるアクリルは割れにくく、キズもつきにくいのが特長。
透明度もバツグンなので、「見せる収納」に役立ちます。

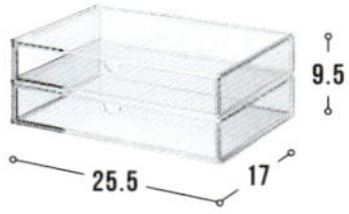

重なるアクリルケース2段
引出・大

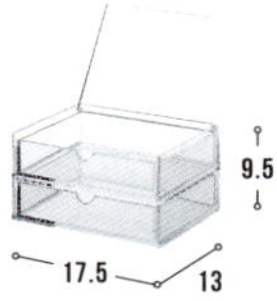

重なるアクリルケース2段
フタ付引出

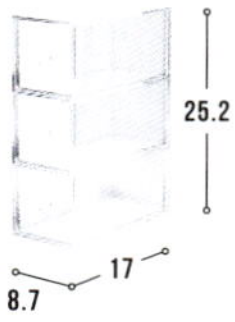

アクリル小物収納・3段

アクリル
メガネ・小物ケース

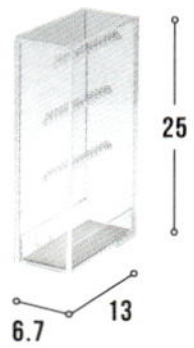

アクリルネックレス
ピアススタンド

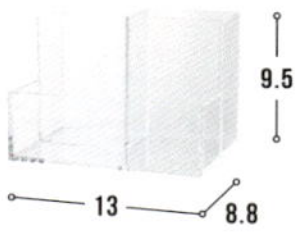

アクリル小物スタンド

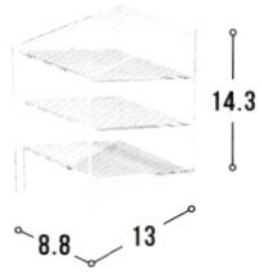

アクリル小物ラック

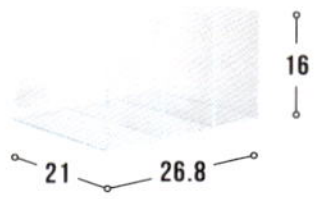

アクリル仕切りスタンド
3仕切り

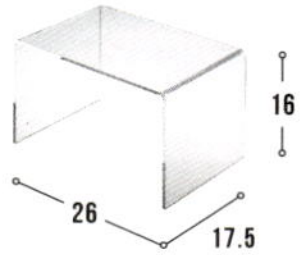

アクリル仕切棚

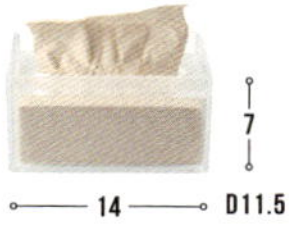

アクリル卓上用
ティシューボックス
ティシュー入

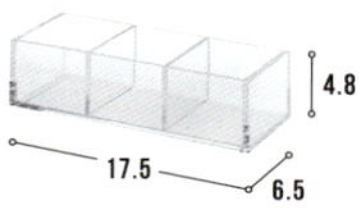

重なるアクリル
仕切付スタンド・ハーフ

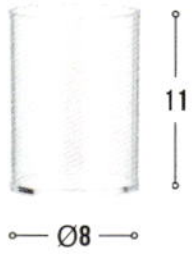

アクリルポット

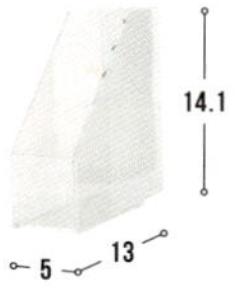

アクリル
レタースタンド

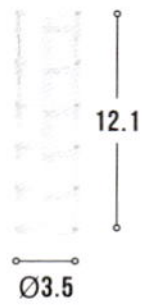

アクリル
小分けケース・5段

プラスα アクリルケースに仕切つきの内箱を入れると
細々したアクセサリーが整頓できます。

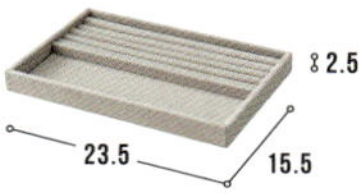

アクリルケース用
ベロア内箱仕切・大
リング小物用・グレー

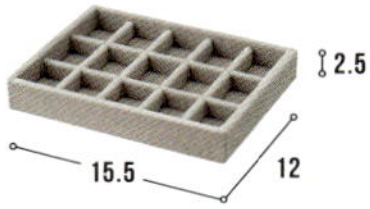

アクリルケース用
ベロア内箱仕切
格子・グレー

素材 03

ステンレス・トタン

丈夫で錆びにくいステンレスやトタンは、
水回りにも使えて便利。見ためもおしゃれです。

ステンレス

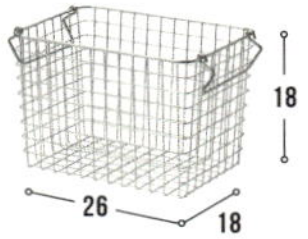

18-8 ステンレス
ワイヤーバスケット1

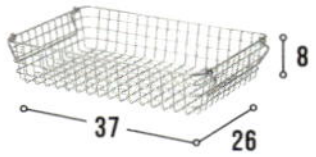

18-8ステンレス
ワイヤーバスケット2

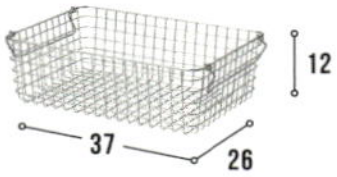

18-8 ステンレス
ワイヤーバスケット3

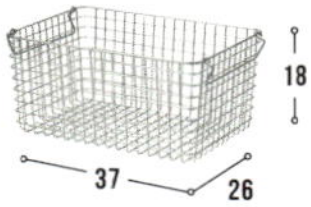

18-8ステンレス
ワイヤーバスケット4

トタン

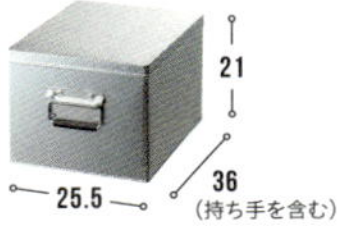

トタンボックス
フタ式・大

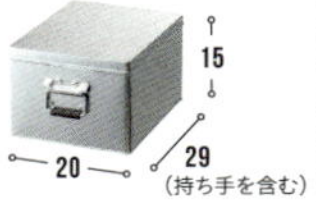

トタンボックス
フタ式・小

トタンバケツ 約7L

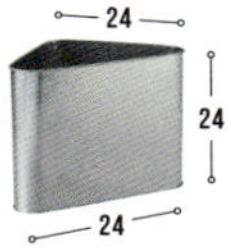

トタンボックス
三角形・小

素材 04

ラタン・ブリ材

自然のやさしい風合いが魅力の天然素材。
仕切ケースを使えば、中身の引っ掛かりも気になりません。

ラタン

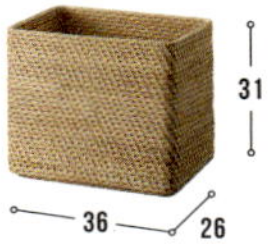

重なるラタン
長方形バスケット・特大

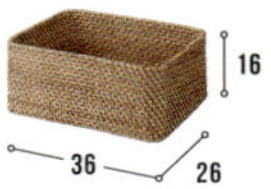

重なるラタン
長方形バスケット・中

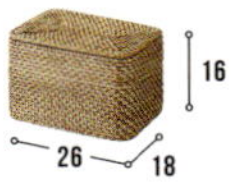

重なるラタン
長方形ボックス・フタ付

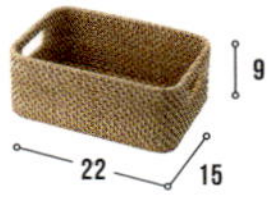

ラタンボックス
取っ手付スタッカブル

ブリ材

ブリ材
角型バスケット・特大

重なるブリ材
角型バスケット・大

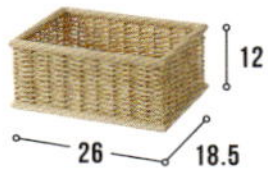

重なるブリ材
長方形ボックス

プラスα

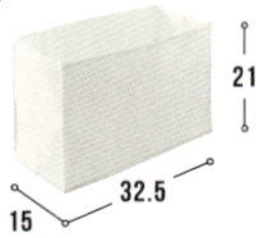

高さが変えられる
不織布仕切ケース
中・2枚入り

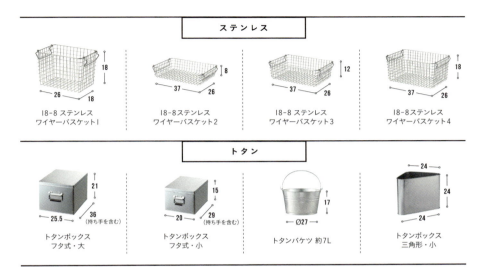

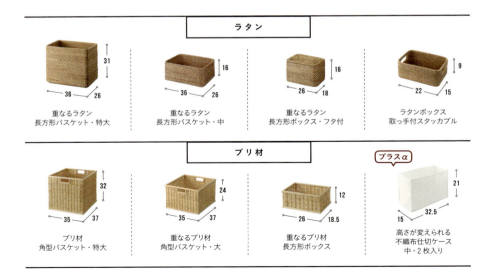

素材 05

ダンボール・硬質パルプ

軽いダンボール素材と、耐久性に優れた
硬質パルプ。男前収納を作るのに最適です。

ダンボール

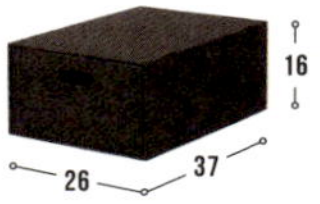

ダンボール
引出式・深型

ダンボール
タテヨコ使える
フタ付きボックス・小（3個入り）

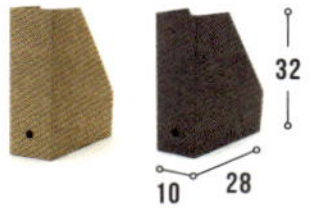

ワンタッチで組み立てられる
ダンボールスタンド
ファイルボックス・5枚組・A4用

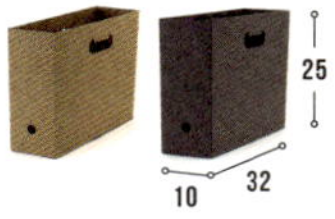

ワンタッチで組み立てられる
ダンボールファイルボックス
5枚組・A4用

硬質パルプ

硬質パルプボックス
引出式・深型

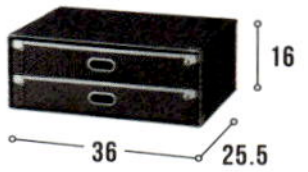

硬質パルプ・引出2個

硬質パルプ・引出4個

硬質パルプボックス
フタ式

素材 06

ポリエステル

布製ボックスなので、子どもも安心して使えるのがうれしいポイント。
大小そろっているので、おもちゃや衣類の収納など幅広く使えます。

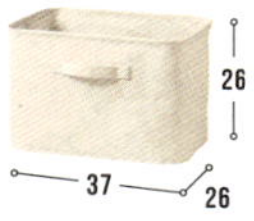

ポリエステル綿麻混
ソフトボックス
長方形・中

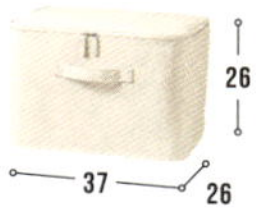

ポリエステル綿麻混
ソフトボックス
長方形・中・フタ式

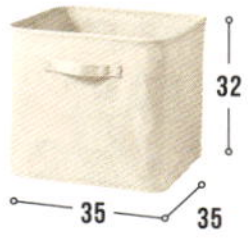

ポリエステル綿麻混
ソフトボックス・L

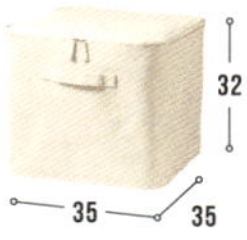

ポリエステル綿麻混
ソフトボックス・フタ式・L

ポリエステル綿麻混
ソフトボックス
ハーフ・L

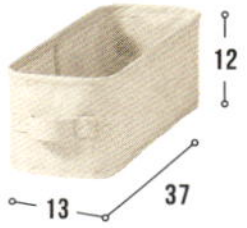

ポリエステル綿麻混
ソフトボックス
浅型・ハーフ

ポリエステル綿麻混
ソフトボックス
衣装ケース

使わない時はコンパクトに折り
たためます。

タイプ 01

中身が見える・アクションなし

出し入れする際に「引き出しを引く」「フタを開ける」などのアクションが必要なく、
加えて中身が見える収納用品は、一番ラクに収納できるタイプです。
単体で置かず、棚などに置いた場合はアクションが発生するので注意を。

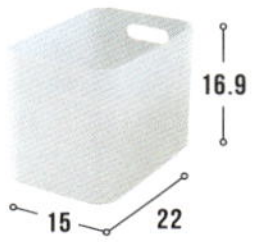

ポリプロピレン
メイクボックス

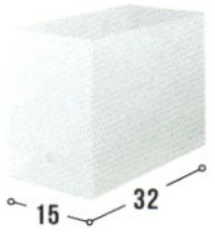

ポリプロピレン
ファイルボックス
スタンダードタイプ
ワイド・A4用

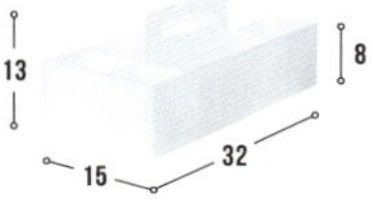

ポリプロピレン
収納キャリーボックス
ワイド

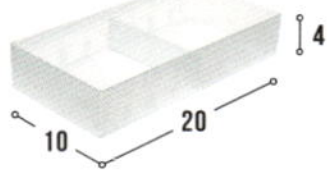

ポリプロピレン
デスク内整理トレー2

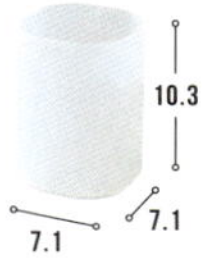

ポリプロピレン
ブラシ・ペンシルスタンド

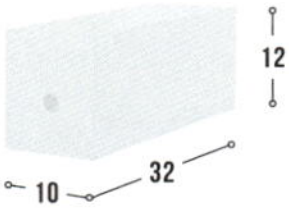

ポリプロピレン
ファイルボックス
スタンダードタイプ・1/2

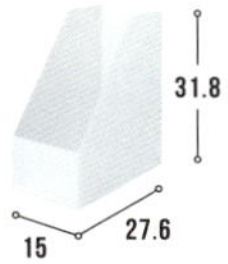

ポリプロピレン
スタンドファイルボックス
ワイド・A4用

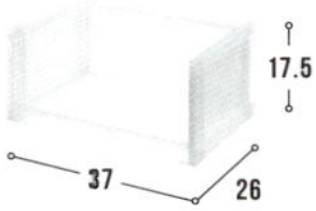

ポリプロピレン
収納ラック・深型

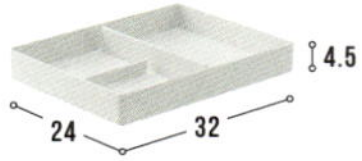

ABS樹脂 A4仕分けトレー
A4サイズ

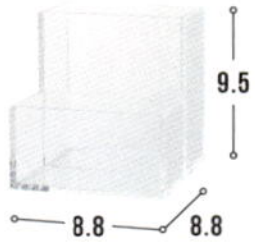

アクリル小物スタンド

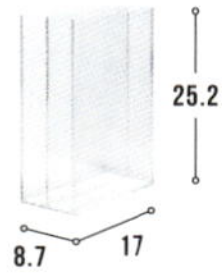

アクリル収納スタンド
A5サイズ

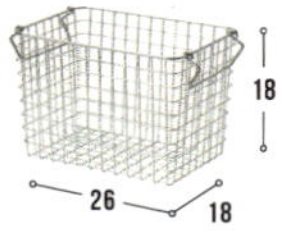

18-8 ステンレス
ワイヤーバスケット1

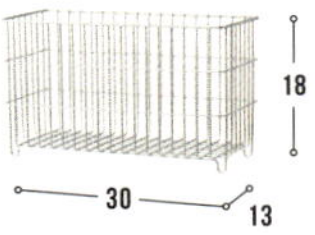

ステンレスワイヤーラック
30cm幅

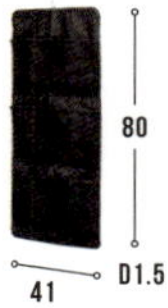

吊るせる収納
小物ポケット

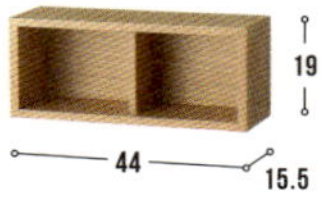

壁に付けられる家具・箱
幅44cm・オーク材

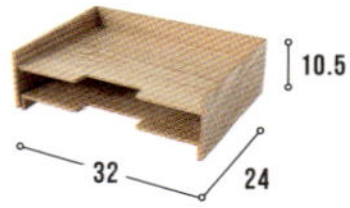

MDF書類整理トレー
A4・2段

タイプ 02

中身が見える・アクションあり

わかりやすく中身を「見える化」したい、でもホコリかぶりは防ぎたい……。
そんな人は、アクリルやポリプロピレンの収納用品が合うはずです。

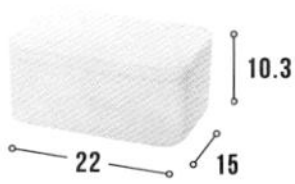

ポリプロピレン
メイクボックス・蓋付・大

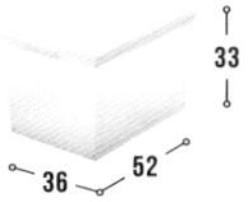

ポリプロピレン
キャリーボックス・ロック付・深

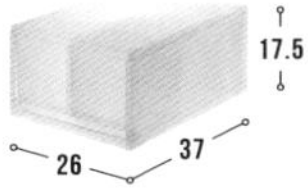

ポリプロピレンケース
引出式・深型・2個（仕切付）

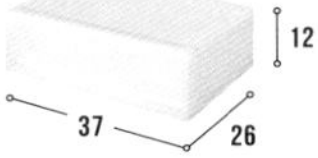

ポリプロピレンケース
引出式・横ワイド
浅型

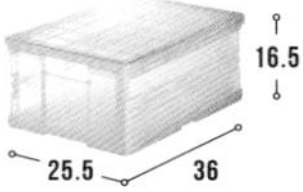

ポリプロピレン
キャリーボックス
折りたたみ式・小

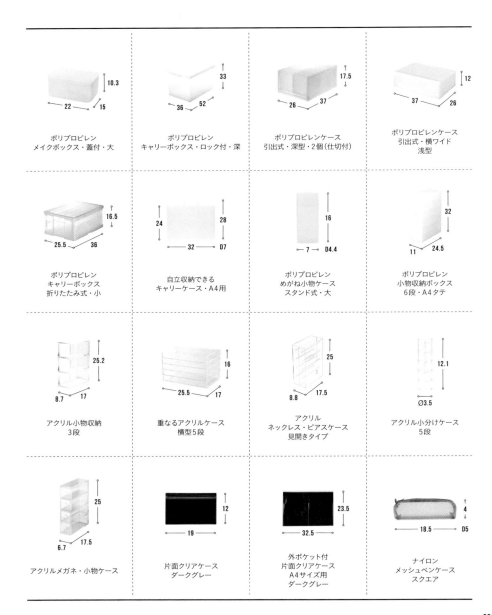

自立収納できる
キャリーケース・A4用

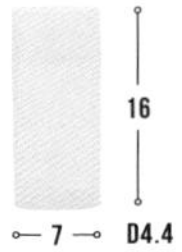

ポリプロピレン
めがね小物ケース
スタンド式・大

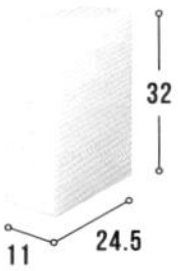

ポリプロピレン
小物収納ボックス
6段・A4タテ

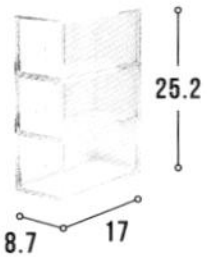

アクリル小物収納
3段

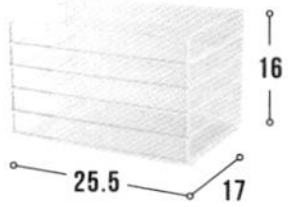

重なるアクリルケース
横型5段

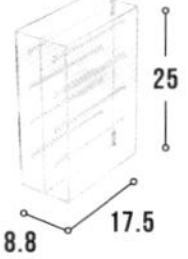

アクリル
ネックレス・ピアスケース
見開きタイプ

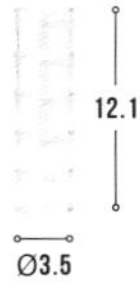

アクリル小分けケース
5段

アクリルメガネ・小物ケース

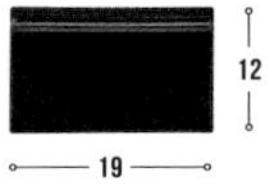

片面クリアケース
ダークグレー

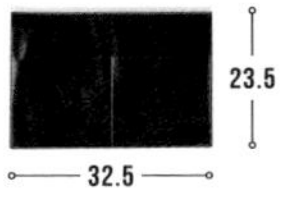

外ポケット付
片面クリアケース
A4サイズ用
ダークグレー

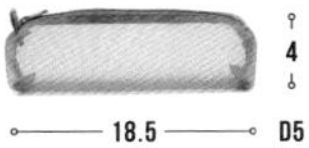

ナイロン
メッシュペンケース
スクエア

タイプ 03

中身が見えない・アクションなし

ラクに出し入れしたいけれど、見ためをすっきりさせたいという人はこのタイプ。
天然素材やポリプロピレンのホワイトグレーがおすすめです。
ここで紹介するのは、あくまで単体で置いて使うことを想定しています。

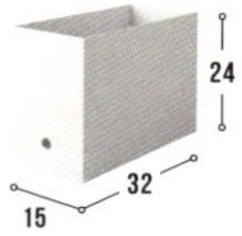

ポリプロピレン
ファイルボックス
スタンダードタイプ・ワイド
A4用・ホワイトグレー

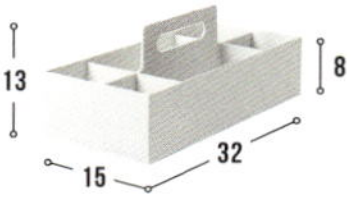

ポリプロピレン
収納キャリーボックス
ワイド・ホワイトグレー

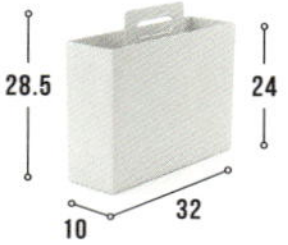

ポリプロピレン
持ち手付きファイルボックス
スタンダードタイプ
ホワイトグレー

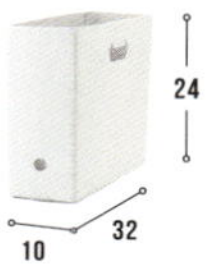

発泡ポリプロピレン
ファイルボックス
スタンダード・3枚組

アルミ鉢

重なるラタン
角型バスケット・中

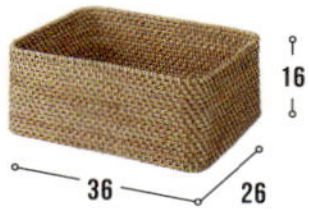

重なるラタン
長方形バスケット・中

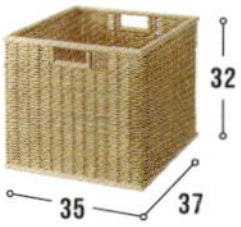

ブリ材角型バスケット
特大

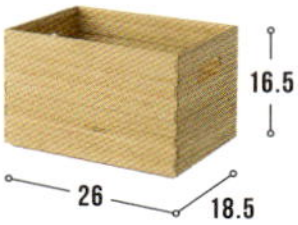

重なる竹材
長方形ボックス・ハーフ・中

木製 スタンド

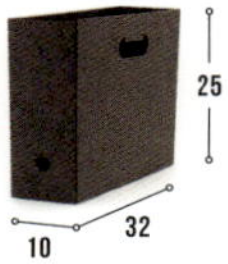

ワンタッチで組み立てられる
ダンボールファイルボックス
5枚組・A4用・ダークグレー

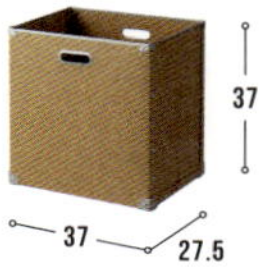

パルプボード・引出

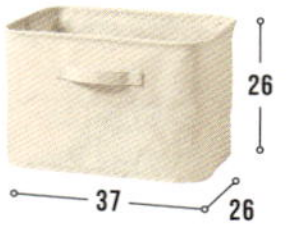

ポリエステル綿麻混
ソフトボックス
長方形・中

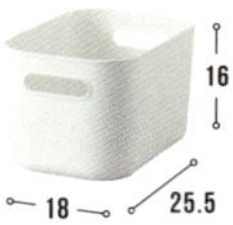

やわらかポリエチレンケース
ハーフ・中

やわらかポリエチレンケース
丸型・深

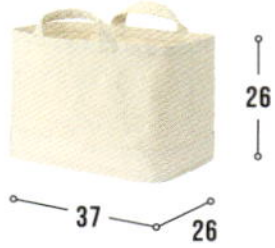

持ち手付帆布
長方形バスケット・大

タイプ 04

中身が見えない・アクションあり

部屋をすっきりさせてキレイな空間を作りたい場合は、隠す収納を。
ストックや思い出のものなどを長期保管するのにも向いています。

ポリプロピレン
頑丈収納ボックス・小

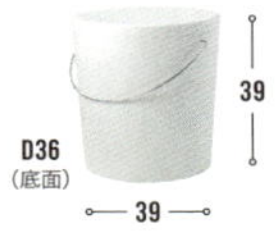

ポリプロピレンスツール

ポリプロピレン
保存容器になる
バルブ付弁当箱・白
スクエア／約460ml

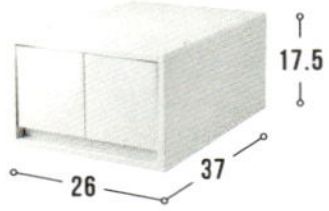

ポリプロピレンケース
引出式・深型
2個(仕切付)
ホワイトグレー

自立収納できる
キャリーケース
A4用・ホワイトグレー

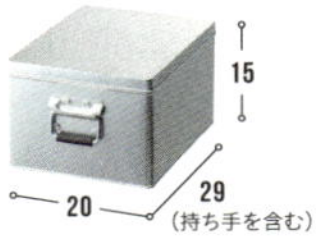

トタンボックス
フタ式・小

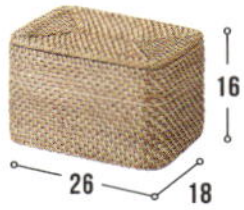

重なるラタン
長方形ボックス・フタ付

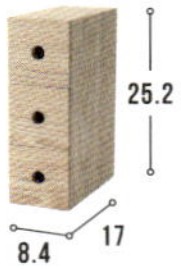

MDF小物収納3段

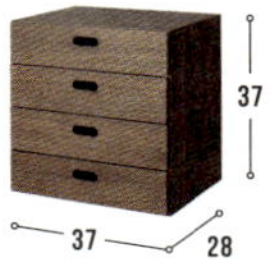

スタッキングチェスト
引出し・4段
ウォールナット材

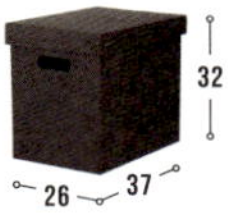

ダンボール
ボックス・フタ式

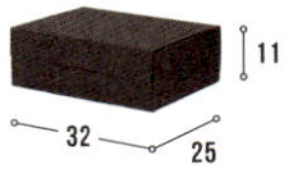

ダンボール
タテヨコ使える
フタ付きボックス・大
2個入

硬質パルプ・引出2個

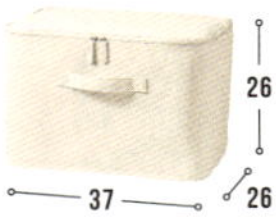

ポリエステル綿麻混
ソフトボックス
長方形・中・フタ式

吊るせる収納
ファスナー付ポケット

ポリエステル
吊るせるケース
着脱ポーチ付・黒

ナイロン手付ポーチ・黒

ものの
寸法表

収納物の適正量を考える時、基本的なもののサイズを知っていると便利。収納用品を選ぶ際にも役立ちますので、寸法表をぜひ役立てていただきたいです。適正量については、40〜41ページも参考にしてください。

寸法は独自に調査したものです（一部、一般社団法人日本収納プランナー協会の資料をもとに作成）。目安となりますので、実際に使用されているものの寸法と異なる場合もございます。ご了承ください。
単位：cm（D＝奥行き、Ø＝直径）

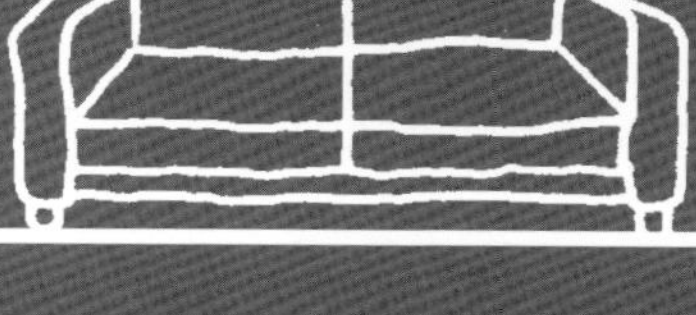

玄関

靴

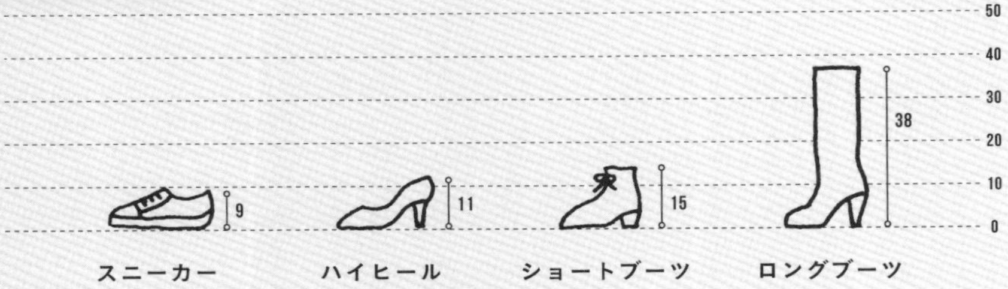

傘

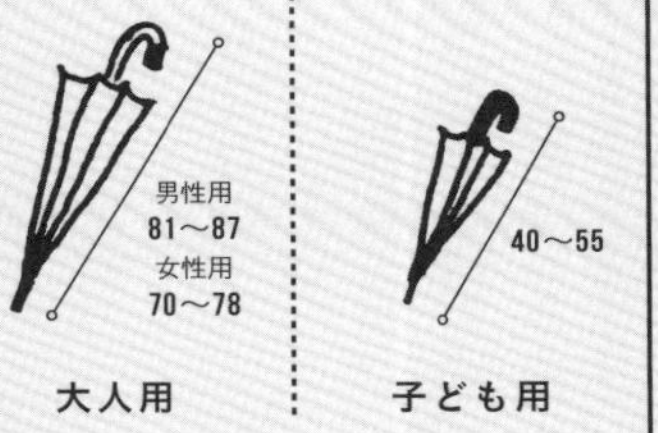

掃除用具

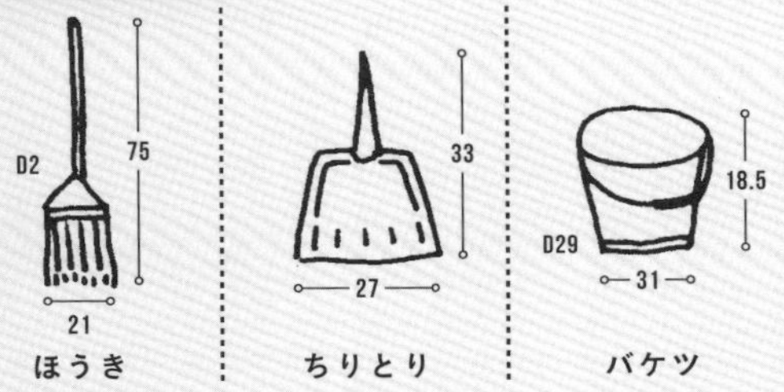

小物

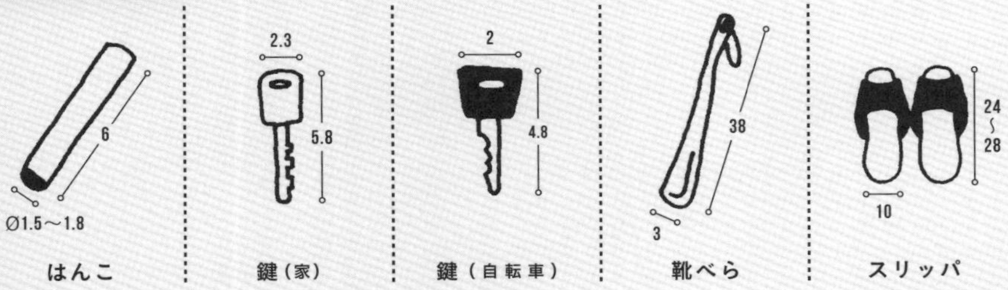

スポーツ用品

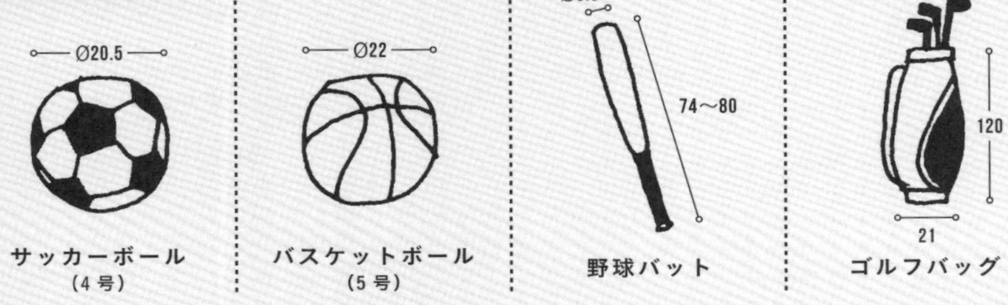

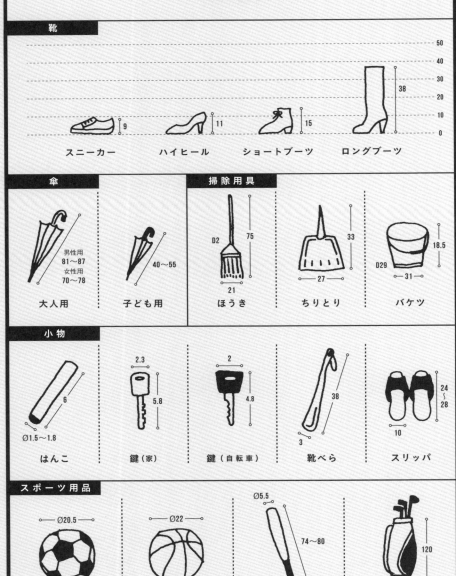

リビング

家具

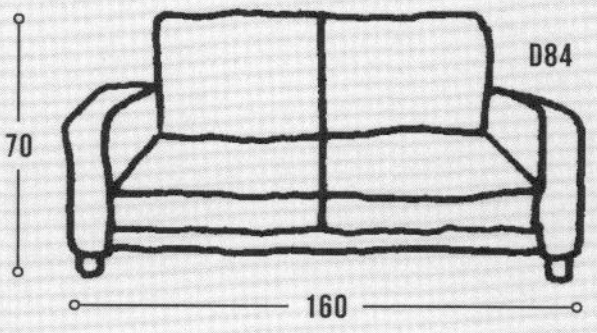

2人掛けソファ

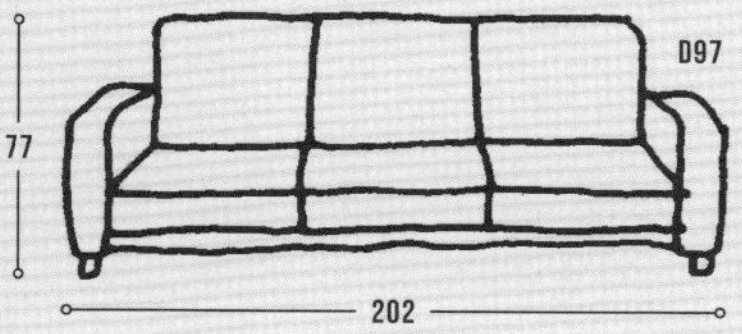

3人掛けソファ

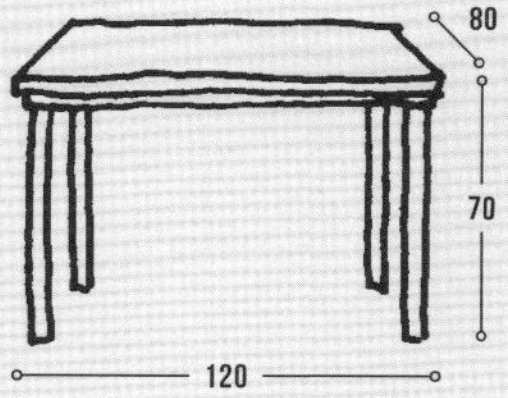

ダイニングテーブル

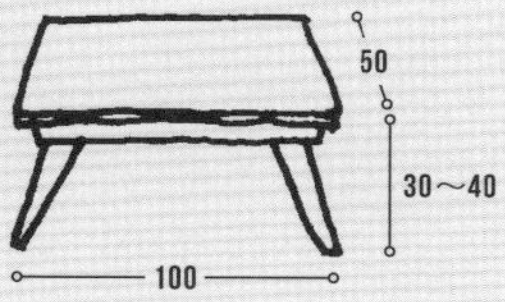

ローテーブル

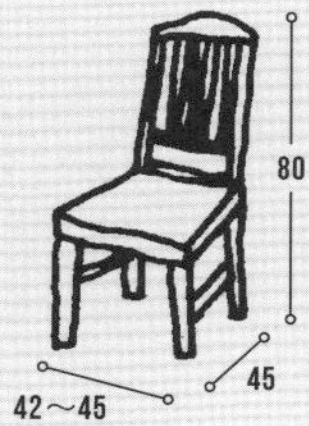

イス

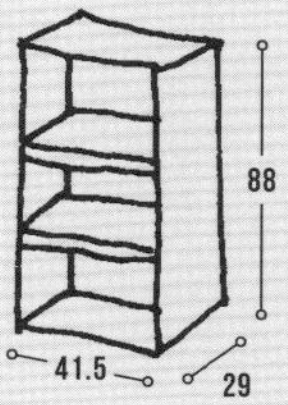

カラーボックス

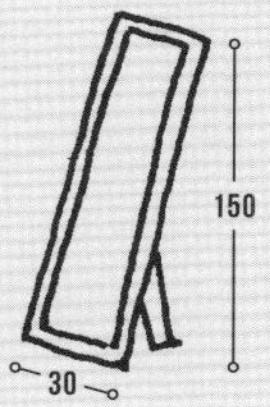

スタンドミラー

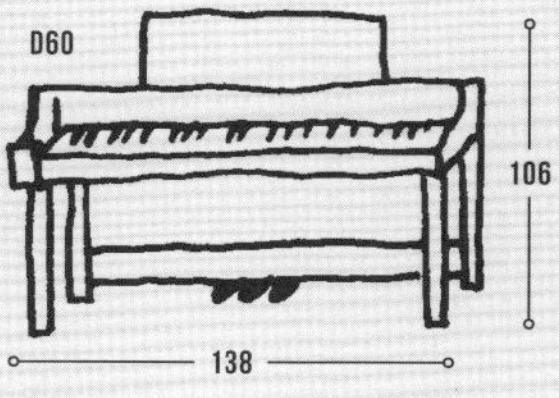

電子ピアノ

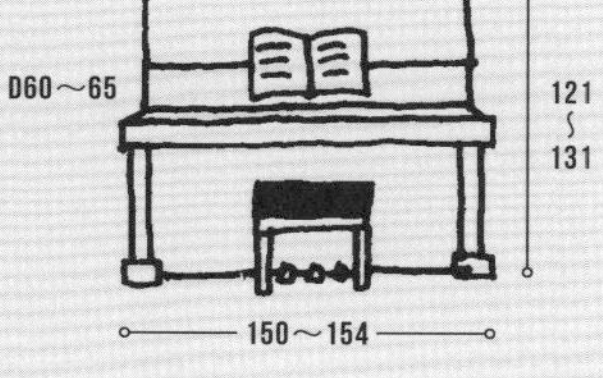

アップライトピアノ

リビング

家電

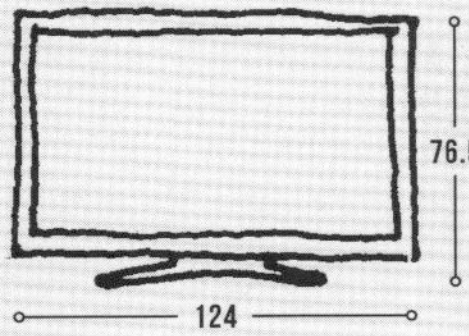

テレビ

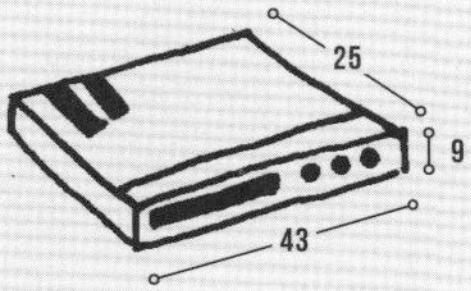

DVDプレーヤー

A4型ノートパソコン

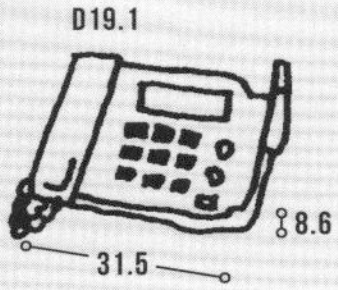

電話機

扇風機

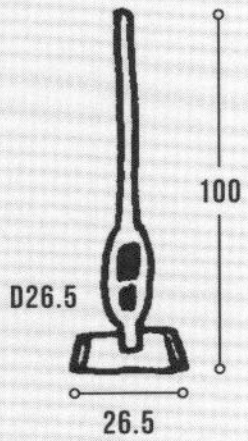

コードレス掃除機

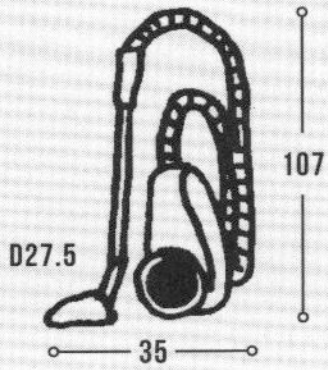

掃除機

子ども用品

勉強机

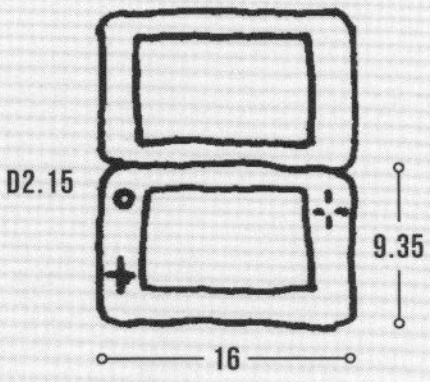

ゲーム機（縦）

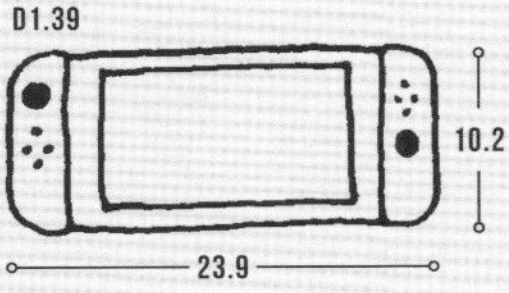

ゲーム機（横）

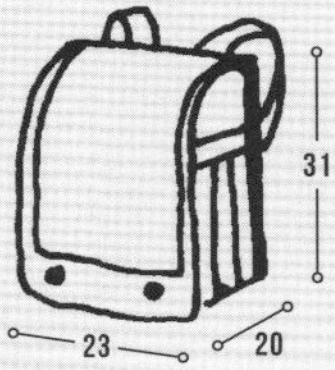

ランドセル

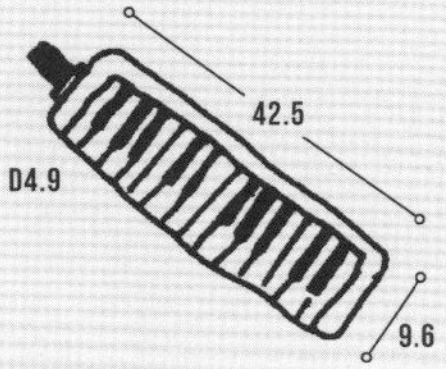

ピアニカ

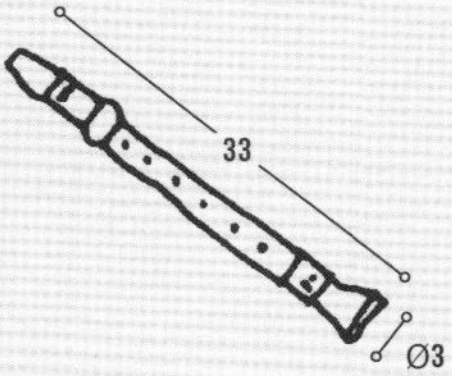

リコーダー

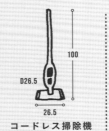

リビング

本

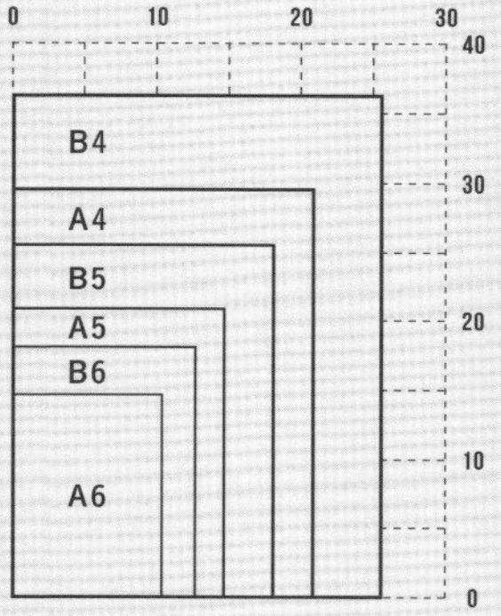

※文庫：A6、雑誌：A4

A6	14.8×10.5	B5	25.7×18.2
B6	18.2×12.8	A4	29.7×21
A5	21×14.8	B4	36.4×25.7

小物

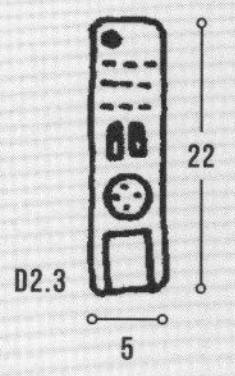

テレビリモコン

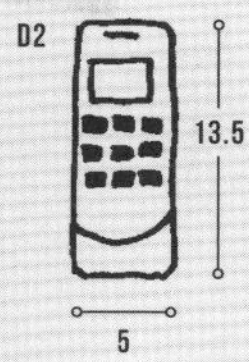

クーラーリモコン

掛け時計

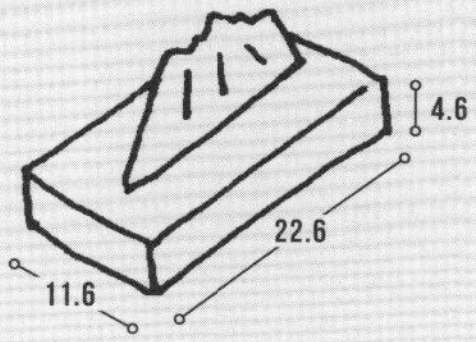

箱ティッシュ

ハンガー

文具

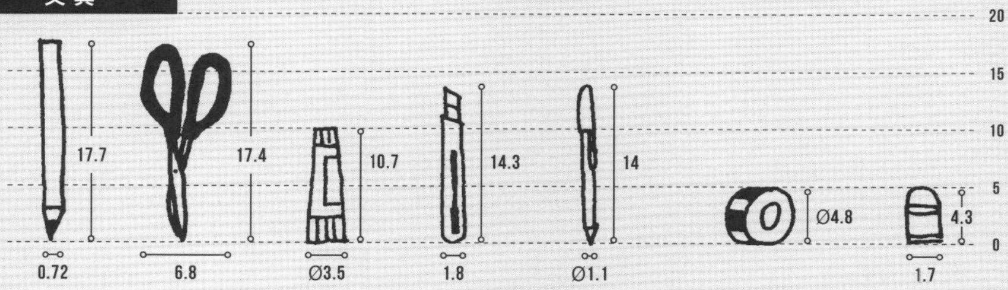

えんぴつ　はさみ　のり　カッター　ボールペン　マスキングテープ　消しゴム

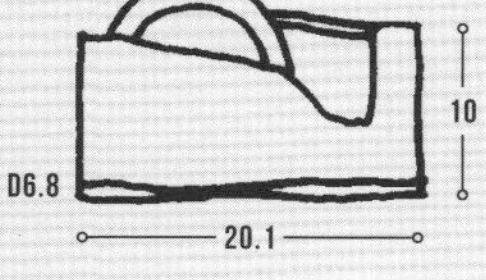

セロハンテープ

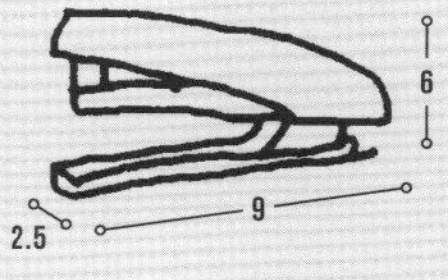

ホチキス

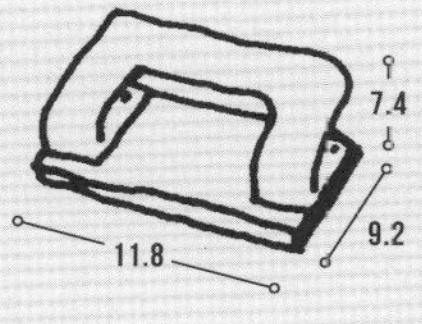

穴あけパンチ

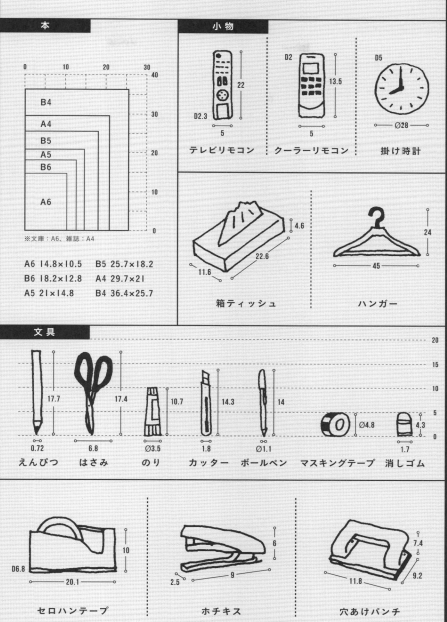

キッチン

家電

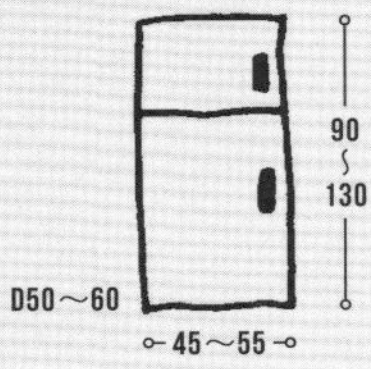

2ドア冷蔵庫

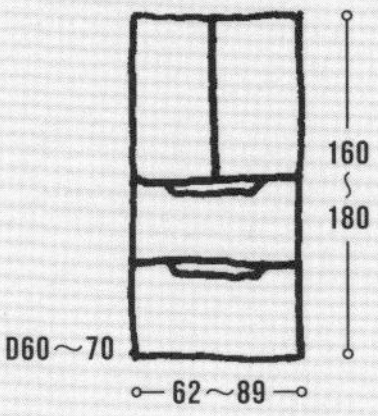

3ドア冷蔵庫

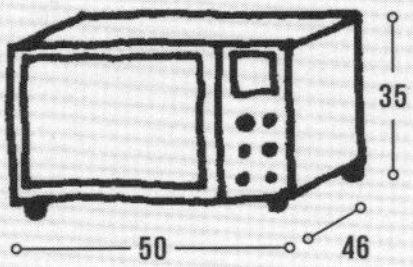

電子レンジ

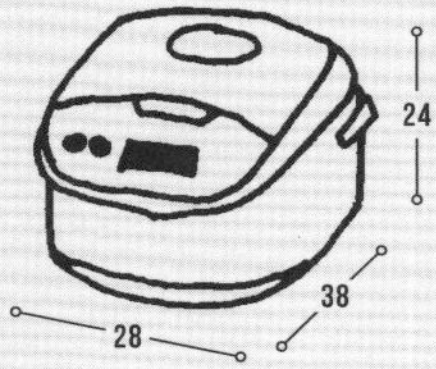

炊飯器（大）

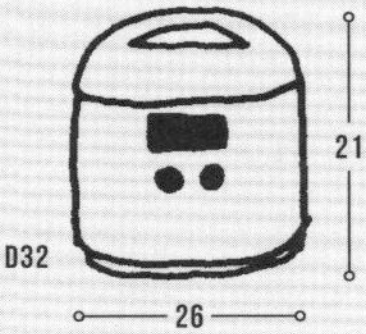

炊飯器（小）

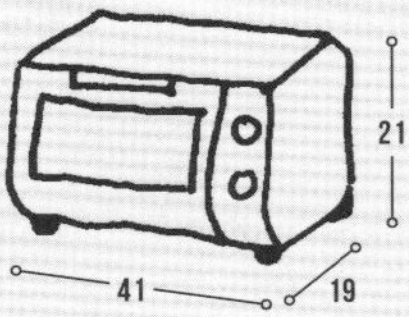

オーブントースター

コーヒーメーカー

ケトル

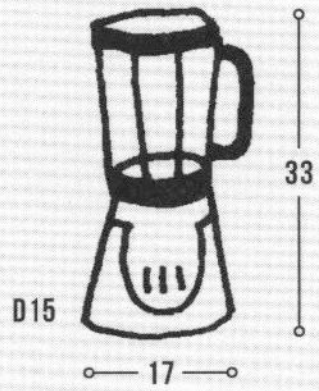

ミキサー

鍋

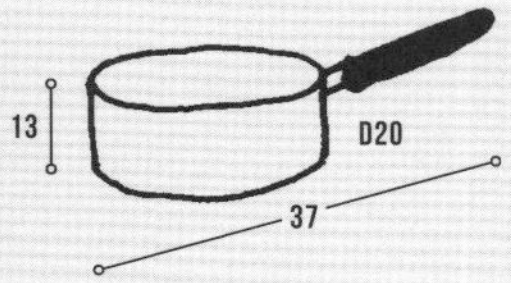

片手鍋

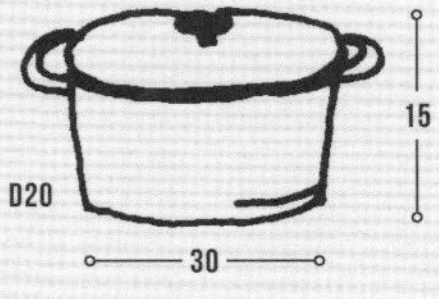

両手鍋

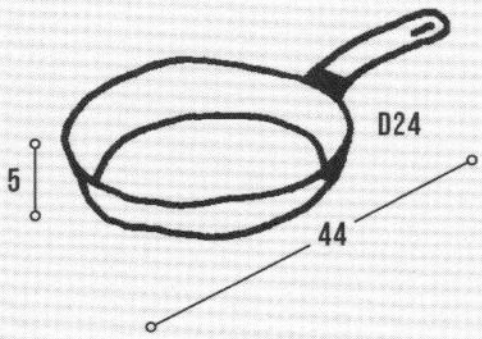

フライパン

キッチン

キッチン道具

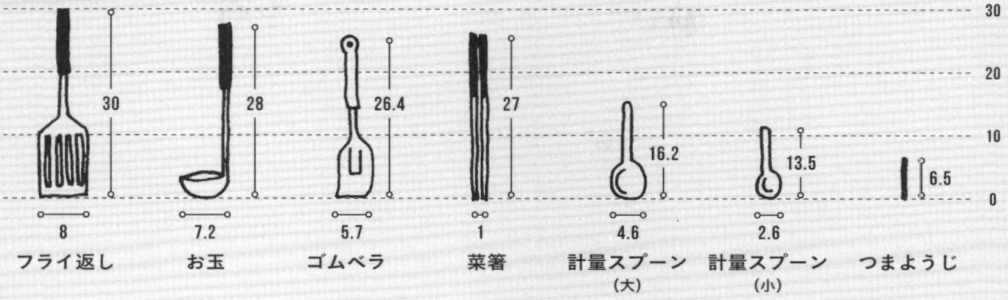

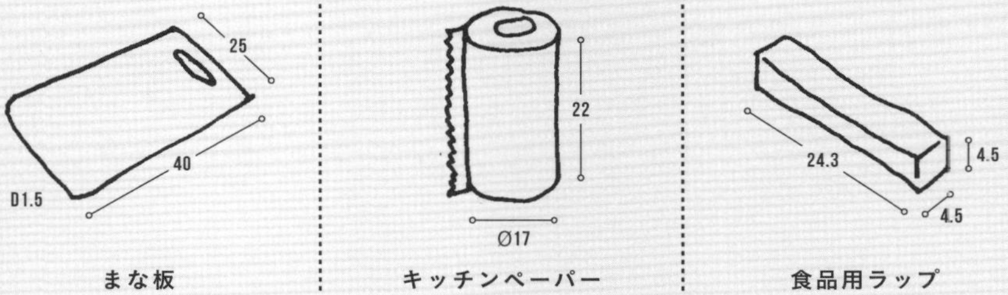

食器

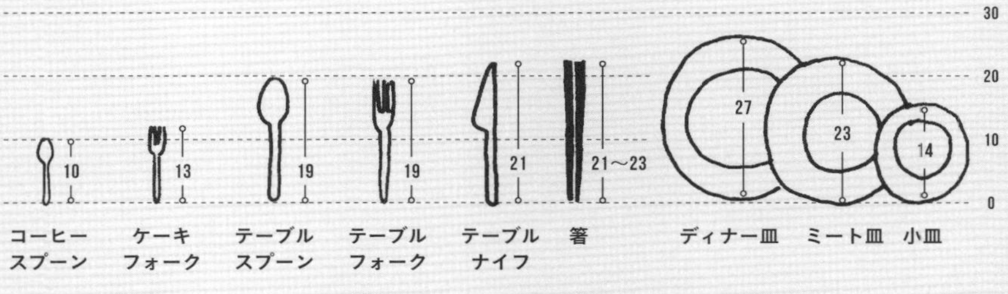

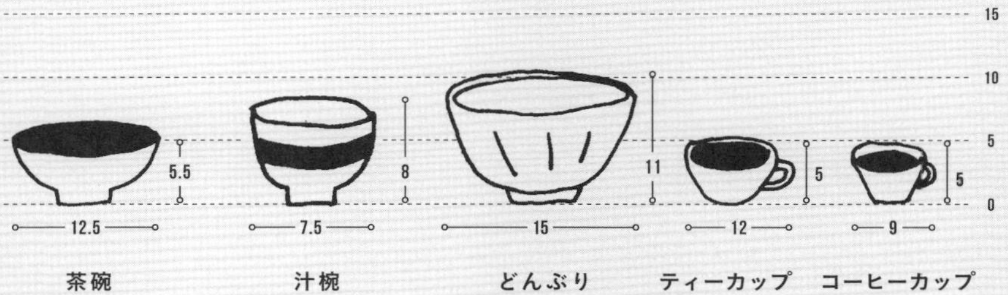

水回り

風呂場・脱衣所

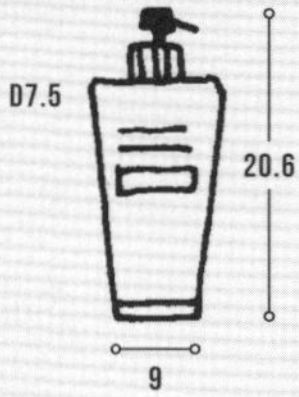

シャンプー・リンス

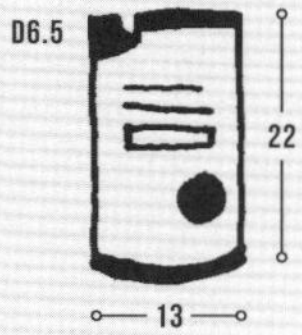

シャンプー・リンス
詰め替え

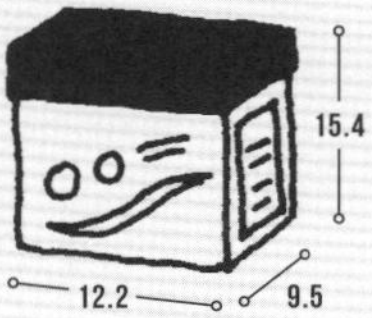

粉洗剤（900g）

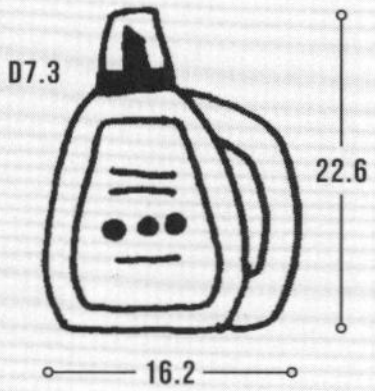

洗濯用洗剤（900g）

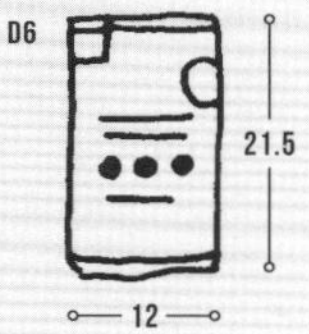

洗濯用洗剤 詰め替え

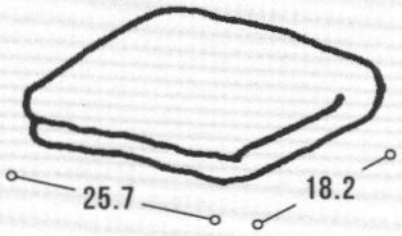

折りたたんだ
フェイスタオル

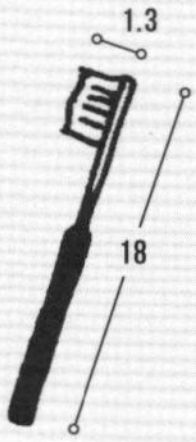

歯ブラシ

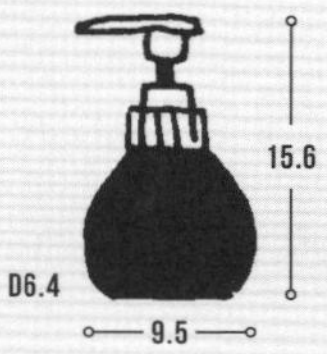

ハンドソープ

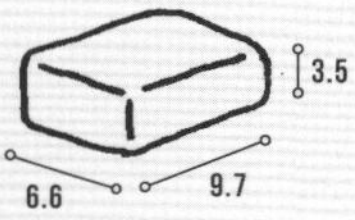

石鹸

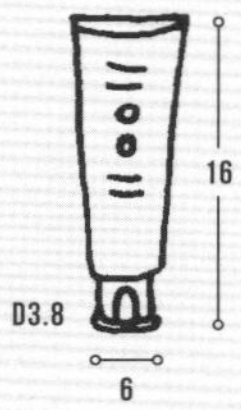

歯磨き粉

洗濯機

大型

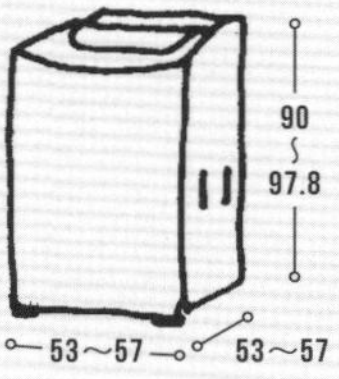

小型

水回り

トイレ

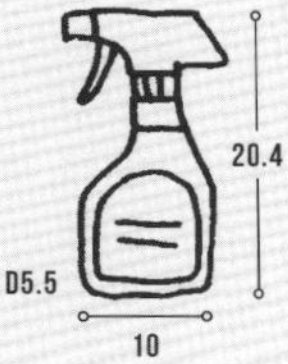

トイレ用洗剤

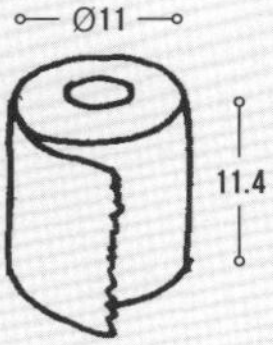

トイレットペーパー

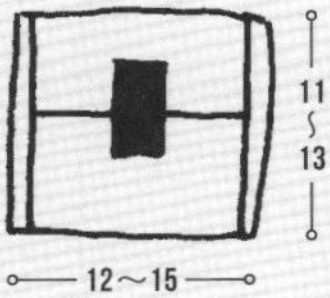

夜用ナプキン

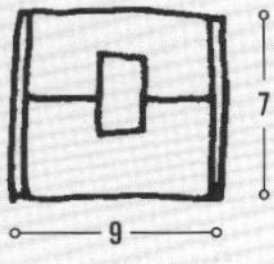

昼用ナプキン

掃除アイテム

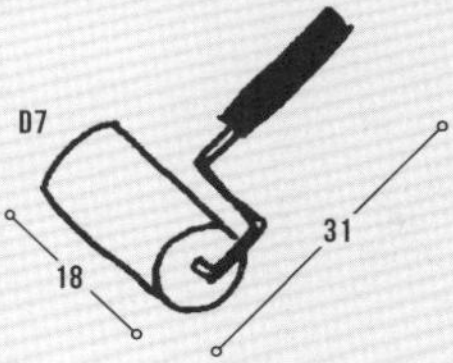

コロコロ

ゴミ袋（20ℓ）

ゴミ袋（45ℓ）

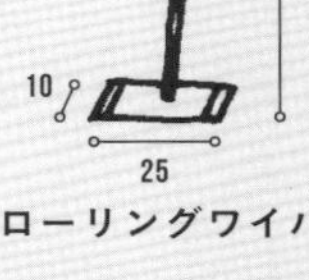

フローリングワイパー

キッチン

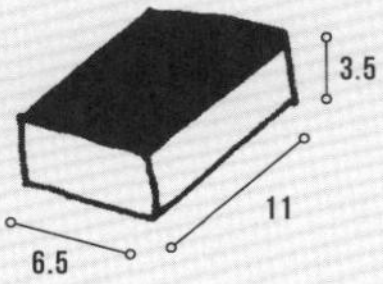

スポンジ

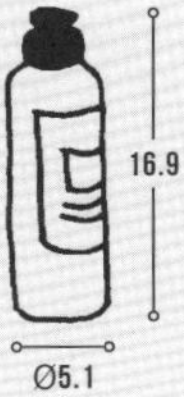

食器用洗剤

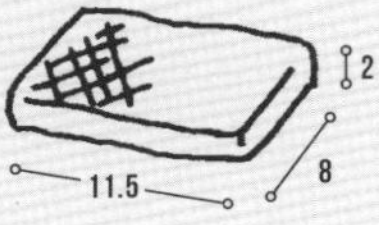

ネットスポンジ

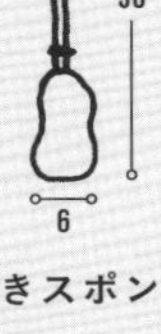

柄つきスポンジ

美容

家電

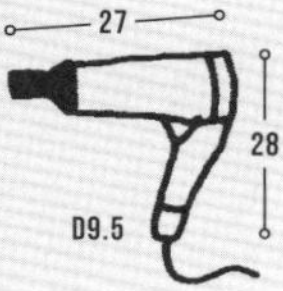

ドライヤー

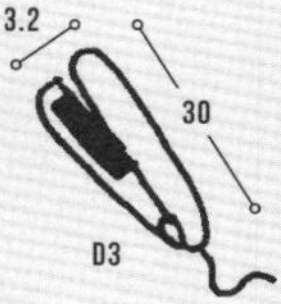

ヘアアイロン

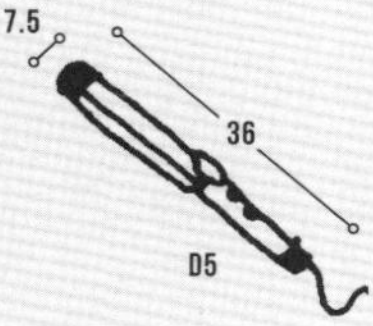

コテ

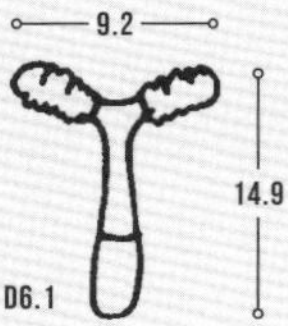

美顔ローラー

小物

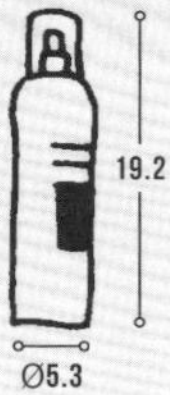

ヘアスプレー

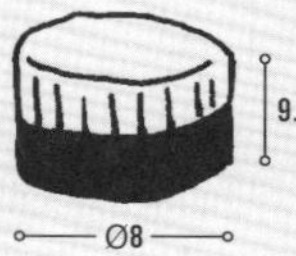

ヘアワックス

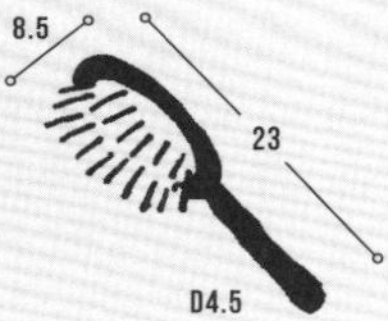

ヘアブラシ

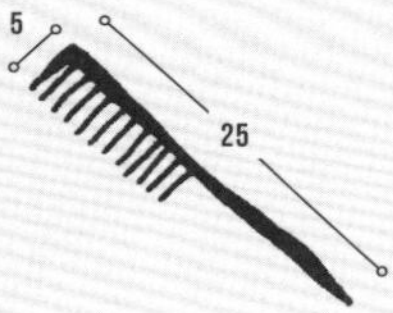

コーム

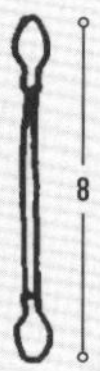

綿棒

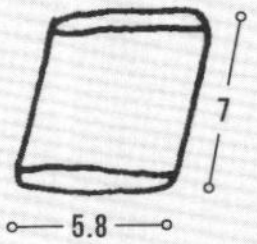

コットン

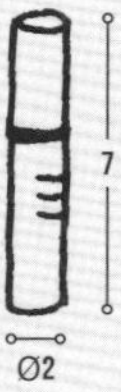

リップ

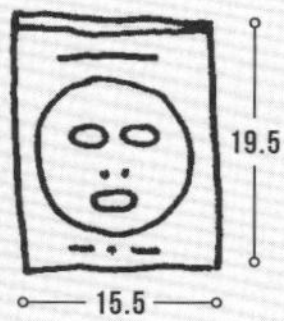

フェイスパック
（袋）

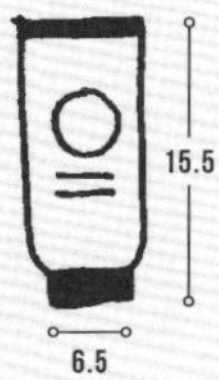

ボディクリーム

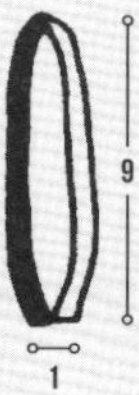

毛抜き

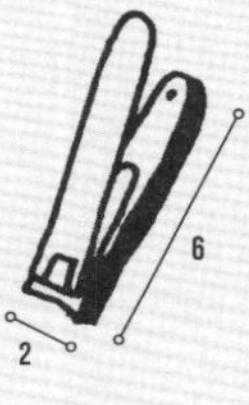

爪切り

眉はさみ

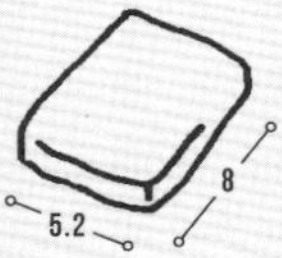

スポンジパフ

マニキュア

寝室

布団

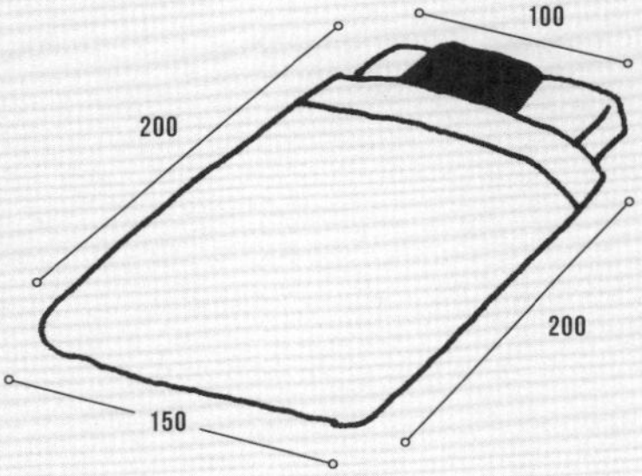

布団

	敷布団	掛け布団
シングルロング	100×210	150×210
ダブル	140×200	200×200
ダブルロング	140×210	200×210

ベッド

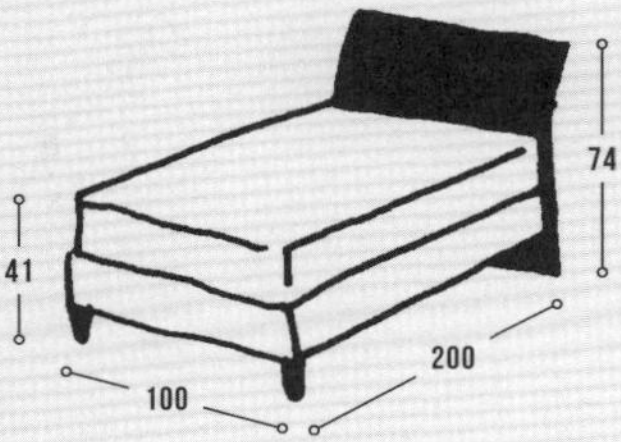

シングルベッド

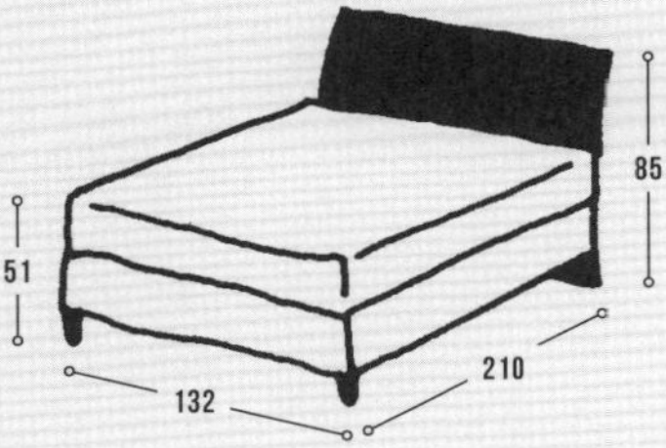

セミダブルベッド

ダブル	140×200
クイーン	160×200
キング	180×200

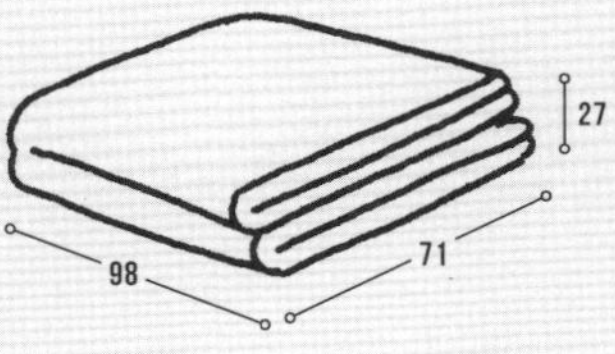

掛け布団4つ折り

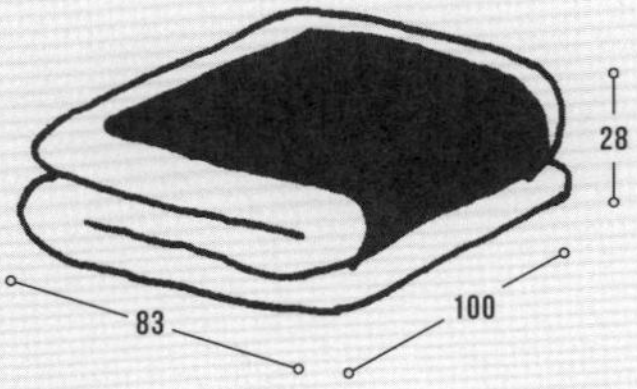

敷布団3つ折り

食品

飲み物

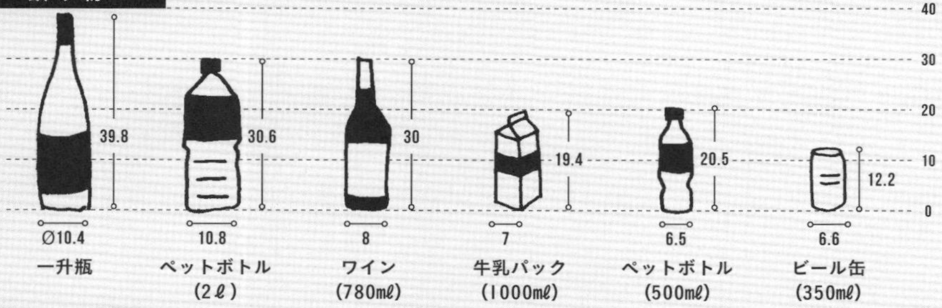

調味料

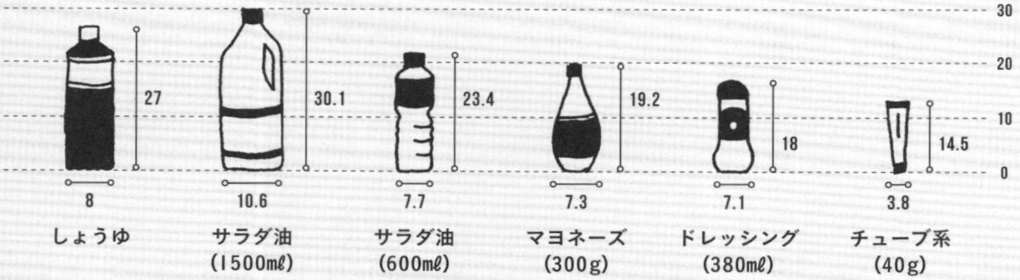

常備食品

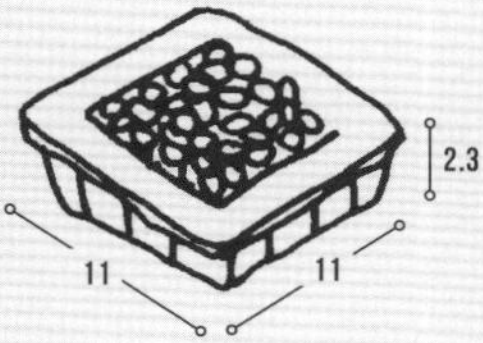

納豆

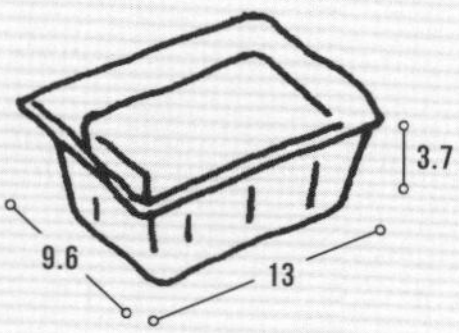

豆腐

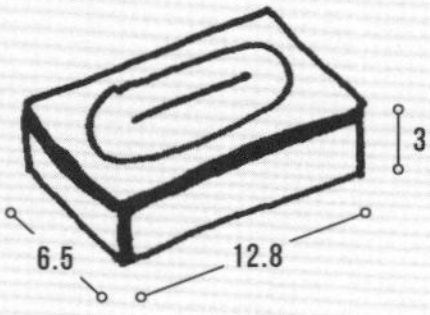

バター

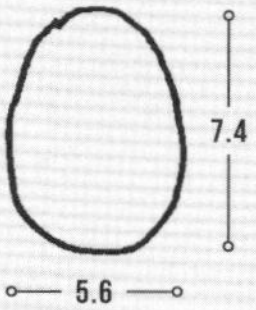

卵

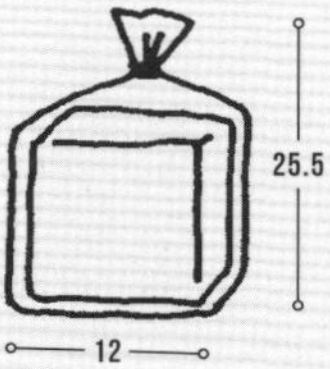

食パン

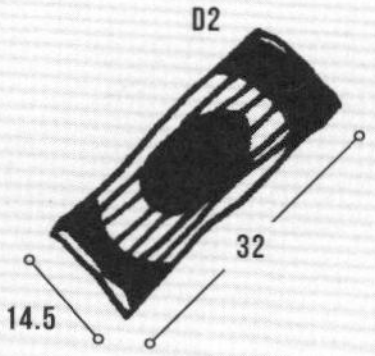

パスタ

食品

野菜・果物

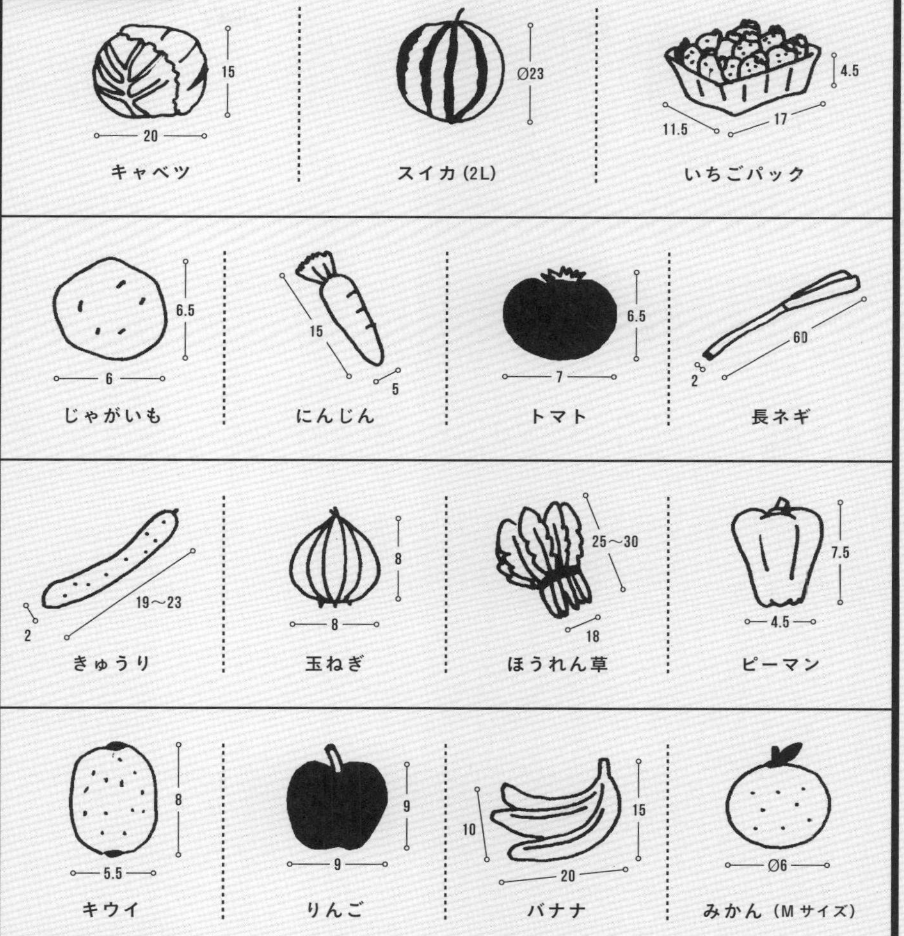

ストック食品

STAFF

協力	良品計画
デザイン	酒井由加里（Q.design）
	市川しなの（Q.design）
撮影	宗野 歩
校正	（株）ヴェリタ
用紙	佐藤 悠（竹尾）
営業	峯尾良久（G.B.）
編集補助	長谷川 雛（G.B.）
企画・構成・編集	山田容子（G.B.）

梶ヶ谷家の整理収納レシピ
気がつけば、
ずっと無印良品でした。

初版発行	2018年10月29日

著者	梶ヶ谷陽子
編集発行人	坂尾昌昭
発行所	株式会社G.B.
	〒102-0072
	東京都千代田区飯田橋4-1-5
電話	03-3221-8013（営業・編集）
FAX	03-3221-8814（ご注文）
URL	http://www.gbnet.co.jp
印刷所	大日本印刷株式会社

ISBN 978-4-906993-62-8

著者

梶ヶ谷陽子（かじがや ようこ）

Bloom Your Smile代表。整理収納アドバイザー。ハウスキーピング協会の最高位資格である整理収納アカデミアマスターをはじめ、住空間収納プランナー、間取りプランナー、防災士など暮らしに関わる資格を数多く取得。テレビ、雑誌、書籍などさまざまなメディアで活躍する他、講演や商品プロデュースなども行う。著書に『子どもが散らかしてもすぐ片付く 梶ヶ谷家の整理収納レシピ』（G.B.）、『片づけのレシピ』（主婦の友社）などがある。

ホームページ
http://bloomyoursmile.jp
ブログ「整理収納レシピ」
https://ameblo.jp/yoko-bys
インスタグラム
@bloomyoursmile

漫画

あきばさやか

仙台出身、東京在住のイラストレーター。雑誌、書籍、広告など幅広い媒体で活躍中。アメブロでOL時代の経験をもとにした漫画『しくじりヤマコ』を掲載し、共感を集めてアメーバ公式トップブロガーに。著書に『福田ヤマコ（30）、今日もしくじってます。』（KADOKAWA）、『服はあるのにキマらない！』（マイナビ出版）がある。

ホームページ
http://akibasayaka.com
ブログ「あきばさやかの人生ケアレスミス」
https://ameblo.jp/shikujiriyamaco

Now on sale!!!

もっと
楽しみたい！

G.B.の本

子どもが散らかしてもすぐ片付く

梶ヶ谷家の整理収納レシピ

散らかし盛りの2人の子を持つ収納の達人・梶ヶ谷さんが実践する整理収納アイデアを紹介！

著：梶ヶ谷陽子　本体1300円＋税

美人をつくる熟睡スイッチ

たった3日で美人になれる、人生が変わる。究極の睡眠指南書です。

著：小林麻利子　本体1300円＋税

無印良品の文房具。

ヒット商品が生まれるまでの開発秘話を、無印良品の担当者に直撃取材！

本体1500円＋税

イケメントレーナー presents

ずぼら女子のためのおとなキレイ養成講座

予約が取れないジムのイケメントレーナーたちが美人メソッドを解説！

著：トキオ・ナレッジ　本体1300円＋税

コミックエッセイ

ちびといつまでも
ママの乳がんとパパのお弁当と桜の季節。

乳がんを宣告された3人の子持ちママ。その闘病記をパパが描きます。

著：柏原昇店　監修：濱岡 剛
本体1200円＋税

全国
旅をしてでも行きたい街の本屋さん

北海道から沖縄まで、旅先で出合えるすてきな本屋さん185軒紹介。

本体1600円＋税

おとな女子のセルフ健康診断

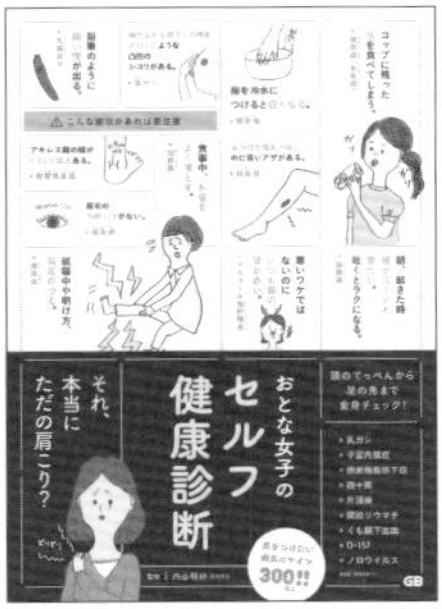

体の症状から病気がわかる、女性のための新しい「家庭の医学」。

監修：内山明好　本体1600円＋税